Reinhold

Ko

hler

Zu Heinrich von Kleists Werken

Reinhold
Köhler

Zu Heinrich von Kleists Werken

ISBN/EAN: 9783743666573

Hergestellt in Europa, USA, Kanada, Australien, Japan

Cover: Foto ©Thomas Meinert / pixelio.de

Weitere Bücher finden Sie auf **www.hansebooks.com**

Zu
Heinrich von Kleist's
Werken.

Die Lesarten der Originalausgaben und die Aenderungen

Ludwig Tieck's und Julian Schmidt's

zusammengestellt
von
Reinhold Köhler.

Weimar
Hermann Böhlau
1862.

Er war ein Dichter und ein Mann, wie Einer,
Er brauchte selbst dem Höchsten nicht zu weichen,
An Kraft sind Wenige ihm zu vergleichen,
An unerhörtem Unglück, glaub' ich, Keiner.

Fr. Hebbel (Sonett auf Kleist, in den Gedichten, Hamburg 1842, S. 235).

Vorwort.

Nachdem Ludwig Tieck im Jahr 1821 die beiden bisher ungedruckten Schauspiele, den Prinzen von Homburg und die Herrmannsschlacht, das früher im Phöbus gedruckte Fragment aus Robert Guiskard und einige noch gar nicht oder zerstreut gedruckte Gedichte Heinrich von Kleist's mit einer des Dichters Leben und Dichten mit Liebe und Verständnis schildernden Vorrede unter dem Titel 'Heinrich von Kleists hinterlassene Schriften' herausgegeben hatte, ließ er fünf Jahre darauf dessen 'gesammelte Schriften' in drei Bänden (Berlin 1826) folgen und erwarb sich

---

*) Die Vorrede zu den 'hinterlassenen Schriften' wurde nur wenig verändert den 'gesammelten Schriften' wieder beigefügt. Der biographische Teil ist an letzterem Orte etwas vermehrt, dagegen ist die wichtige ausführliche Notiz über handschriftlich hinterlassene politische Schriften Kleist's (Hinterlassene Schriften S. LVI f.) weggelassen. Es sind dies dieselben Aufsätze, die neuerdings Rudolph Köpke (Heinrich von Kleist's politische Schriften und andere Nachträge zu seinen Werken. Mit einer Einleitung zum ersten Mal herausgegeben von Rudolf Köpke, Berlin 1862) veröffentlicht hat. Köpke, der nur die Vorrede zu den gesammelten Schriften gelesen hat, wo des politischen Nachlasses S. XX nur andeutend gedacht ist, hat dieses ausdrückliche Zeugnis für Kleist's Verfasserschaft der Aufsätze nicht gekannt und muste deshalb Form und Inhalt derselben als ächt Kleistisch erst nachweisen, was ihm auch trefflich gelungen ist.

*

so, indem er die zerstreuten Dichtungen zum erstenmale sammelte und unter dem Schutze seines gefeierten Namens beim Publicum wieder einführte, ein nicht genug anzuerkennendes Verdienst um Kleist. Mit vollstem Rechte durfte er im Jahr 1848 (Kritische Schriften, 1. Bd. Vorrede S. XIII) sagen: 'Ich schmeichle mir, daß meine Bemühungen dazu beigetragen haben, Heinrich von Kleist bekannter zu machen und seinen Ruhm mehr auszubreiten'.

Die dankbare Anerkennung aber dieses Verdienstes Tieck's darf uns nicht abhalten zu erklären, daß seine Ausgabe der gesammelten Schriften Kleist's von philologischem Standpunkt aus sehr wenig Lob verdient. Wie er als Herausgeber verfahren sei, darüber hat er uns in der Vorrede kein Wort gesagt. Nach dem ersten Satze derselben 'Nachdem ich vor einigen Jahren den merkwürdigen Nachlaß des zu früh abgeschiedenen Dichters herausgegeben, sehe ich mich jetzt veranlaßt, indem alle seine Schriften in einer Sammlung neu abgedruckt erscheinen, auch diese mit einer Einleitung und einigen Nachrichten über sie, so wie über den Verfasser zu begleiten', scheint es, als hätten wir in dieser Ausgabe einfach einen Wiederabdruck der Originalausgaben, dies ist jedoch durchaus nicht der Fall.

Die Originalausgaben sind alle mehr oder weniger incorrect gedruckt und reich an sinnentstellenden Druckfehlern. Eine große Anzahl Druckfehler hat Tieck richtig corrigiert, die übrigen aber stehen und selbst einige neue sich einschleichen lassen. Einigemal hat er mehrere Worte, ja ganze Verse weggelassen und Verse verstellt (Vgl. unten S. 1. 19. 61. 46. 58). Schlimmer aber als diese Nachlässigkeiten ist es, daß er sich erlaubt hat, Kleist an sehr vielen Stellen stillschweigend zu verbessern. Teils sind es Stellen, die in grammatischer, metrischer oder stilistischer Hinsicht in der Tat

einen Anstoß bieten und derentwegen Kleist Tadel verdient, die er
selbst, wenigstens zum Teil, vielleicht bei späterer, wiederholter Durch=
sicht geändert haben würde, zu deren Aenderung aber ein Heraus=
geber niemals das Recht hat; teils sind es Stellen, an denen sich
Kleist Freiheiten erlaubt hat, die allerdings solche sind, die man
aber nicht tadeln kann und die sich jeder nehmen darf und nimmt,
zumal ein so durch und durch selbständiger und originaler Dichter,
wie Kleist, Stellen, die etwas Ungewöhnliches, aber nicht Falsches
in grammatischen Formen, in Constructionen, in Wortstellung, in
Wortbildungen und im Gebrauche einzelner Wörter bieten. Alle
diese Correcturen sind noch dazu von Tieck in höchst inconsequenter
Weise vorgenommen worden: Stellen, die er hier ändert, hat er
dort nicht angerührt. Man sieht überall, daß er nur flüchtig die
Ausgabe besorgt hat, ohne sich vorher eine ins einzelne gehende
Kenntnis der Sprache des Dichters, den er in seiner dichterischen
Bedeutung doch sonst so gut kannte und zu schätzen wußte, ver=
schafft zu haben. Endlich hat Tieck zuweilen auch Stellen geändert,
wo ich wenigstens nicht einzusehen vermag, was ihn dazu bewogen
haben kann. Daß aber die Aenderungen sämmtlich von Tieck her=
rühren und nicht etwa ihnen zuweilen handschriftliche Correcturen
Kleist's zu Grunde liegen, dafür spricht, daß Tieck dies wol nicht
verschwiegen haben würde, und ganz besonders auch, daß die Dich=
tungen, die er aus Handschriften in den hinterlassenen Schriften
herausgegeben, in den gesammelten Schriften ebenfalls mit viel=
fachen Aenderungen erscheinen.

Für einen neuen, die Tiecksche Ausgabe 'revidierenden' Heraus=
geber, der natürlich durch genaue Vergleichung das Verhältnis der=
selben zu den Originalausgaben, wie ich es eben dargestellt habe,

kennen mußte, war es die Hauptaufgabe, alle die unnöthigen Aenderungen zu beseitigen und zu den ursprünglichen Lesarten zurückzukehren. Julian Schmidt aber, der neuste Herausgeber Kleist's*), hat sich jene allerdings mühevolle durchgängige Vergleichung erspart und nur zuweilen bei einzelnen Stellen einen vergleichenden Blick in die Originalausgaben geworfen. Daher hat er zwar nicht wenige Fehler, die Tieck in den Originalausgaben stehen gelassen hatte, obwol es nur Schreibfehler Kleist's oder Druckfehler sein können, erkannt und treffend geändert, dagegen aber die Aenderungen Tieck's, selbst Druckfehler und Versehen desselben, wie das oben erwähnte Auslassen oder Umstellen von Versen, mit wenigen Ausnahmen sämmtlich beibehalten. Außerdem hat er selbst eine Menge eigenmächtiger Aenderungen vorgenommen, die theils mindestens überflüssig, theils entschieden falsch sind und den Text entstellen. Die Uncorrectheit der Originalausgaben hat ihn gar zu geneigt gemacht, überall Druckfehler zu wittern, obwol er in den Anmerkungen zur Penthesilea (Bnd. III, S. 385) richtig erklärt: 'man sieht leicht für einen Druckfehler an, was bewußte Härte ist'. Hätte er die Fragmente von Kleist's Dichtungen,

---

*) Heinrich von Kleist's gesammelte Schriften. Herausgegeben von Ludwig Tieck, revidirt, ergänzt und mit einer biographischen Einleitung versehen von Julian Schmidt. Theil 1—3. Berlin 1859. Die Ergänzungen bestehen in einigen nach E. v. Bülow mitgetheilten Stücken und in einigen von Tieck ausgelassenen Gedichten aus dem Phöbus. Die Einleitung, die zu dem von Tieck und Bülow gelieferten Material noch manches neue hinzubringt, ist sehr verdienstlich. Leider konnten die im Jahr 1860 von A. Koberstein herausgegebenen wichtigen Briefe Kleist's an seine Schwester Ulrike von Schmidt bei der Abfassung noch nicht benutzt werden. Erst nachher sind sie ihm zugänglich geworden und im 3. Band S. 420 ff. nachträglich benutzt.

wie sie in dem bis auf wenige Druckfehler sehr correcten Phöbus gedruckt sind, immer verglichen, er würde wol manchmal von der Annahme eines Druckfehlers zurückgekommen sein. Mehrmals hat er Kleist's Worte entschieden misverstanden, sei es weil er sie zu flüchtig oder außerhalb des Zusammenhanges betrachtet hat, sei es daß sprachliche Unkenntnis daran Schuld ist (vgl. z. B. unten S. 45). Nicht selten hat er auch den Dichter mit nüchternem, unpoetischen Sinne schulmeisternd emendiert. Einige dieser Emendationen sind Kleist's so unwürdig, daß sie Versündigungen an seinem Geiste genannt werden können. Gerade von derartigen Emendationen dankt Schmidt einige seinem Freunde Theodor Gomperz*). Pedantischer Weise corrigiert er gewisse Formen, Constructionen, Wortbildungen u. dergl., die Kleist gerade liebt, die er aber für unerträglich zu halten scheint. Auch bei Schmidt ist hier wie bei Tieck dieselbe Inconsequenz zu rügen. Die Aenderungen sind überdies nur zum allerkleinsten Teil in den flüchtigen Anmerkungen des 3. Bandes angegeben und begründet, die meisten sind stillschweigend vorgenommen worden. Unbegreiflich ist es, wie Schmidt daselbst S. 387 bei Gelegenheit einer Aenderung im Amphitryon diese 'den einzigen Fall, in dem er sich eine Nachbesserung erlaubt habe', nennen konnte. Auch einige neue, nirgends verbesserte Druckfehler sind hinzugekommen. So ist denn durch Julian Schmidt's Ausgabe kein Fortschritt, sondern, insofern sie von den Originalen noch mehr abweicht, ein Rückschritt gemacht worden.

Die folgenden Blätter werden den Freunden Kleist's, die seine

---

*) Von Gomperz, wenn nicht von Schmidt selbst, müssen die 'Emendationen zu Kleist's Werken' in den Grenzboten 1854, III, S. 394 ff. und 433 ff. herrühren, die ich zuweilen citieren werde.

17. T 10. S 11.

Kraft beſſen nach dem gänzlichen Ausſterben
Des einen Stamms der gänzliche Beſitzthum
Deſſelben an den andern fallen ſollte.
S: das gänzliche Beſitzthum.

24. T 12. S 15. — als ich
Vorbeigieng an dem Bilde —
T S: nach dem Bilde. Wol nur Druckfehler.

26. T 13. S 17.
Hörnerklang und Peitſchenſchall und Hund-Geklaff'.
T S: Gekläff'. Aber im Käthchen T 123, S 148 haben
ſie Geklaff, woran auch nichts auszuſetzen iſt, nicht geändert.

27. T 13. S 17. Gewaltig drück' ich in die Zügel.
S: rück' ich. In den Anmerkungen ſagt S drück' ſei
'handgreiflich' ein Druckfehler. Ich geſtehe dieß nicht einzuſehen,
und würde umgekehrt, wenn S ſtillſchweigend geändert hätte, ſeine
Aenderung für einen Druckfehler gehalten haben.

31. T 16. S 20.
Laß ihn die Engelsläſtrung nicht entgelten.
T S: Engelsläſtrung. Conſequent hätten ſie aber dann
auch T 20, S 27 Gärtnerkindern, T 69 und 78, S 95 und
108 Rechtgefühl, T 92, S 125 Wolfkrautskeime ändern
müſſen. Umgekehrt ſteht in der Originalausgabe im Perſonen-
verzeichnis Todtengräberswittwe, bei T und S: Todten-
gräberwittwe. Kleiſt bildet eben — auch in ſeinen übrigen
Schriften — Zuſammenſetzungen bald mit bald ohne s, und hieran
hat kein Herausgeber zu ändern. Wir werden noch einigen Fällen
begegnen, wo T S ein s eingeſchoben, während ſie doch z. B.
Käthchen T 142, S 173 entſetzenvoll nicht geändert haben.

40. T 19. S 25. Ich meine, wie Du's gläubeſt.
T S: glaubeſt.

In einem Epigramm (S III, 349) sagt Kleist: Glaubt ihr,
so bin ich euch, was ihr nur wollt.
48. T 23. S 31.
   So sollt' mir mit dem Beile keiner nah'n,
   Wie Junker Philipp'n.
T S: Wie'm Junker Philipp.
55. T 26. S 35.
   Es dürste ihm nach Dein und Deines Kindes
   ... Blute.
T S: ihn. Aber das unpersönliche bürsten wird auch mit
dem Dativ gebraucht, vgl. Grimm's Wörterbuch. Freilich ist
zuzugeben, daß in der Originalausgabe mehrere male ihm ent=
schieden für ihn verdruckt ist.
55. T 26. S 35. — Wie
   War schon Dein Namen?
T S: Name. Namen ist die allerdings minder gute, aber
doch vorkommende Form. Vgl. unten 105.
61. T 29. S 38. Ein Fluch ruht auf Dein Haupt.
T S: Fluch ruht auf deinem Haupt. Die Lesart der
Originalausgabe kann schwerlich bloßer Druck= oder Schreibfehler
sein. Kleist erlaubt sich, wie wir noch mehrere male sehen wer=
den, im Gebrauch der Präpositionen merkwürdige Freiheiten. Vgl.
zu Schroffenst. 101, 104, 127, 179, 260. Amph. 109. Krug 61,
65. Homb. 15. Kohlh. 69, 140, 142. Marquise 231.
61. T 29. S 38.
Du schreckst mich nicht. Mir ist das ihre (Leben) heilig,
Und fröhlich kühn wag' ich mein einzelnes.
S: eigenes.
67. T 32. S 41.
   — Wie ein jedes einzel'n Blümchen
   Zu stellen.

T S: einzle. Es muß vielmehr nur mit Umstellung des
Apostrophs einzeln' heißen.
67. T 32. S 42. Der Kranz ist ein vollendet Weib.
S: Werk. Mit Recht, denn Weib gibt keinen Sinn.
69. T 33. S 43. — Wie sagst Du?
Ihr wärt in Frieden mit den Nachbarn? Wärt
Zu Frieden mit Euch selbst?
       Agnes. Du hörst es, ja.
T S: Du hörst es ja. Nach der alten Interpunction ist
die Antwort viel nachdrücklicher.
76. T 36. S 47.
Wenn Einer mir vertraut', er wiss' ein Roß,
Das ihm bequem sei, und er kaufen wolle,
Und ich, gienge heimlich hin und kauft's
Mir selbst.
S: Und ich, ich gienge. Mit Recht.
81. T 38. S 50. — Und an seiner Pforte
Stehn Deine Engel, wir, die Diener liebreich
Dich zu empfangen.
S: Wir, die Deinen. Zu billigen.
85. T 40. S 53.
Th. Gesteinigt, ja.
     S. Gesteiniget?
       Th. Das Volk u. s. w.
T S: Gesteinigt? Falsch.
90. T 43. S 56. Warum riefst Du ihm nicht?
T S: ihn. Rufen kann bekanntlich mit Dativ und Accusativ construiert werden.
101. T 47. S 62.
So kaum — denn vor sein fürchterliches Antlitz
Entflohn mir alle Sinne fast.

T S: So kaum — vor seinem fürchterlichen Antlitz.
Wir haben hier wieder eine incorrecte Construction einer Präposition. Vgl. oben zu 61.
104. T 48. S 64.
Agnes (verbirgt ihr Haupt an die Brust ihrer Mutter).
T S: an der Brust. So heißt es allerdings auch oben in der Originalausgabe 48, T 23, S 31: Agnes verbirgt ihr Gesicht an der Brust ihrer Mutter.
105. T 49. S 65.
— Weiß nur soviel, daß sein Namen
 Johann.
T S: Name. Vgl. oben zu 55.
106. T 49. S 65.
— Das Schwert empfangen, gestern es — und heute Wahnsinnig.
T S: gestern erst. Aber das gestern es ist grade ächt Kleistisch.
106. T 49. S 65.
Jeronimus, mir wird ein böser Zweifel
 Fast zur Gewißheit, fast.
T S: Jetzt zur Gewißheit fast.
107. T 50. S. 66. Ist's denn noch ein Zweifel?
T S: im Zweifel?
109. T 51. S 67.
Ich will mit Ernst, daß Du von Philipp schweigst.
T S: im Ernst.
110. T 51. S 68.
Du sagtest ja, der Eine meiner Leute
 Hätt's in dem Tode noch bekannt.
T S: Hätt's selbst im Tode.

127. T. 59. S 79. Dem Gespenst des Mistrauns,
Das wieder vor mir treten könnte.
S: vor mich. Abermaliges Beispiel von Kleist's Incorrectheit im Gebrauche der Präpositionen. Vgl. oben zu .61.
137. T 63. S 85. Das macht den Vater wüthend.
T S: wüthen.
139. T 63. S 86.
Auf dieser Stelle, Eifersucht gequält,
Reizt' er mit bittern Worten mich.
T S: von Eifersucht gequält, eine unnötige Aenderung, die den Vers stört. Eifersucht gequält steht hier wie in der zweiten Zeile des Stückes Glanz umstrahlet. Man braucht die Worte nur zusammenzuschreiben und man hat ganz unanstößige Composita. Vgl. 239, T 109, S 148 frühling angeschwellter Strom., Penthesilea T 164, S 218 Tod umschattet, T 196 S 260 Nachtigall durchschmettert u. dgl.
150. T 68. S 93.
Der Herold, sei's — das wollt' ich glauben; doch Johann!
T S: Der Herold sei's —. Unrichtig.
154. T 70. S 96.
Ein jedes unbestochnes Urtheil müßte.
S: unbestochne. Vielleicht ist unbestochnes nur Schreib- oder Druckfehler. Früher allerdings gebrauchte man bei jeder das Adjectiv in starker Form, vgl. Vernaleken deutsche Syntax I, 244 und unten Amph. 176.
159. T 72. S 99.
— der Stämme Zwietracht ewig
Mit seiner Wurzel auszurotten.
Es muß geschrieben werden: ihrer W.
162. T 74. S 101. Laß uns allein, Eustache.

T S: Laßt. Wol nur Druckfehler.
166. T 75. S 103.
R. Ein Irrthum?
J. Den er aufzudecken nicht
Bedürfe als nur ein Gespräch mit Dir.
T S: nichts. Mit Recht.
166. T 75. S 103. — So sag's,
Daß ich mit Freuden ihn erwarten würde.
S: So sag.
169. T 76. S 105. Sylvester doch ist überzeugt.
S: ist doch.
175. T 80. S 109. — Es heckt sein bloßer
Gedanken Unheil aus.
S: Gedanke. Vgl. oben 55 und 105 Namen.
176. T 80. S 109.
— Soll ich Dir erklären, was
Ein Dienst sei? Nützen, nützen, nützen soll er. — Was
Denn ist . . . . .
T S lassen das eine nützen weg, wodurch der Vers allerdings richtig wird. Aber Kleist hat in der Familie Schroffenstein wie auch in seinen andern Dramen nicht wenige teils zu lange, teils zu kurze Verse.
179. T 82. S 111. — Daß
Ich auf Dein Rufen an das Fenster nicht
Erschienen, ist mir selber unerklärlich.
T S: an dem Fenster.
Man bemerke wieder die falsche Construction der Präposition.
199. T 91. S 124.
Ruh in der Gruft; daß ihm ein Frevelarm nicht . . .
S: Frevlerarm. Allerdings hat auch die Originalausgabe bei Wiederholung dieser Zeile 202, T 93, S 126 Frevlerarm.

Aber im Zweikampf T 281, S 286 werden zwei Personen ein
Frevelpaar genannt.
200. T 92. S 125.
Heil an dem Leibe: daß ihr der Krebs mit dem Blut-
Läppchen im Schutt schwinde geschwinde dahin.
Bei T S wird die Stelle sinnlos, indem bei ihnen statt des
Bindestriches nach Blut ein Gedankenstrich gesetzt ist. S erklärt
überhaupt in den Anmerkungen, das Beschwörungslied sei so ver-
dreht, daß man an dem Dichter ganz irre werde. Ein durchaus
grundloser Tadel des überall klaren und an poetischen Schönheiten
reichen Liedes.
216. T 99. S 135.
— Hör', Vetorin, Du bist mit Deinem
Satyrngesicht verdammt verdächtig mir.
S: Satyrgesicht.
234. T 106. S 145.
In kurzem, ist der Irrthum aufgedeckt,
Sind nur die Väter erst versöhnt, darf ich
Dich öffentlich als meine Braut begrüßen.
T S: In kurzem ist . . .
234. T 107. S 146. — Siehst
Du irgend jemand nahe, so rufst Du gleich.
T S: nahn.
237. T 108. S 147.
— Es schauert stets
Der Mensch, wo man als Kind es ihm gelehrt.
S: ihn.
Vgl. Amphitr. T 249, S 327: dieser Arm wird bald
Respekt ihm lehren; T III, 331, S III, 368: da haben sie
dir Künste gelehrt. Anderwärts hat aber Kleist auch den Accu-
sativ, z. B. Amph. T 261, S. 344: weil die Kunst die Götter

mich gelehrt. Guiskard T 305, S 327: daß ich es dich lehren
kann (bei T S: dir).
239. T 109. S 148.
Ottokar (an dem Ueberkleide beschäftigt).
T S: Unterkleide, was allerdings zu der freilich nicht
ganz klaren weiteren Schilderung mehr paßt.
253. T 115. S 156.
Rupert (stürzt über Agnes Leichnam hin).
T S: Leiche.
254. T 115. S 157.
Sylvius, von Johann geführt, treten auf.
T S: Sylvius und Johann, der ihn führt, tre=
ten auf.
Vgl. Herrmannsschlacht T 395, S 490: Egbert mit mehre=
ren Feldherrn und Hauptleuten stehen versammelt. Kohl=
haas T 28, S 34: während Sternbald mit drei geschäftigen
Knechten Alles zusammenschleppten. Verlobung auf S. Do=
mingo T 178, S 183: worein die Gemahlin desselben mit
ihren drei Kindern und den übrigen Weißen der Niederlas=
sung sich geflüchtet hatten.
259. T 118. S 161. — Ein Teufel
Blökt mir die Zung' heraus.
T S: Blökt. Warum aber den Unterschied zwischen blö=
ken, balare, und blöcken (bleden), denudare (vgl. Grimm's
Wb. I, 137) verwischen, da doch Tieck und Schmidt sonst keine
Feinde des d sind?
260. T 118. S 161.
Rupert (... fährt mit den Händen in seinen
Haaren).
T S: seine Haare.
Wieder fehlerhafte Construction einer Präposition.

Penthesilea.

Originalausgabe: **Penthesilea.** Ein Trauerspiel von Heinrich von Kleist. Tübingen, im Verlage der Cottaischen Buchhandlung und gedruckt in Dresden bei Gärtner. O. J. 8°. (Auf dem letzten Blatte sind einige auffallendere Druckfehler corrigiert).

Im ersten Hefte des Phöbus war bereits der 1ste Auftritt, der Anfang des 5ten, der 6te, der Anfang des 9ten, ein Teil des 15ten (im Phöbus als 14ter bezeichnet), der 20ste (im Phöbus 19ter), der 21ste und der Anfang des 22sten, alles von der spätern Bearbeitung im einzelnen vielfach abweichend, gedruckt worden.

5. T 125. S 169.
Die wie vom Himmel plötzlich, kampfgerüstet,
In unsern Streit fällt, sich darin zu mischen.
T S: darein.
Aber vgl. Schroff. T 51, S 68: Johann ist darin verwebt. Käthchen T 186, S 231: ich ergebe mich darin. Zweik. T 265, S 270: sie ergab sich darin. Verlobung T 188, S 193: die Verlegenheit, worin ihn die Rede der Alten versetzt hatte; T 210, S 215: die Gefangenschaft, worin sie ihn selbst gestürzt. Zweik. T 285, S 290: das Zimmer, worin sie ihn geführt.

6. T 125. S 169. — als schlüge rings um ihr
Die Welt in helle Flammenlohe auf.
T S: rings um sie. Vielleicht ist zu lesen: ringsum ihr.
6. T 126. S 170.
Drauf mit der Wangen Roth, war's Wuth, war's Schaam,
Die Rüstung wieder bis zum Gurt sich färbend.
S: Nieder. Wieder ist durchaus richtig. Kurz vorher ist von dem ersten Schamerröten der Penthesilea die Rede gewesen; jetzt errötet sie wieder. Nieder wäre auch sprachlich tadelhaft.
8. T 128. S 172.
Astyanax, von Sturm herabgerüttelt.
S: vom Sturm. Mit Recht. So stand schon im Phöbus.
8. T 128. S 172. — den Lorbeer
Mit ihren jungen, schönen Leibern groß,
Für diese kühne Tochter Ares, düngend.
S: bloß. In den Grenzboten 1854, III, S. 395 ist diese Aenderung also begründet: 'Man wird sich vergebens in allen Dramen Kleist's nach einem Seitenstück zu dieser unerhörten Wortstellung [Mit ihren jungen, schönen Leibern groß] umsehen, überdieß verlangt das ungewöhnliche Bild ein milderndes und erklärendes Wort. Es hieß offenbar bloß, ein Wort, das wenig poetisch scheinen mag, das aber in diesem Trauerspiel nicht weniger als viermal vorkömmt.' Daß groß ein Druckfehler sei, dagegen spricht daß es auch im Phöbus steht; daß es aber als nachgestelltes Beiwort zu Leibern zu fassen sei, ist nicht notwendig, vielmehr gehört es zu düngend: mit ihren Leibern den Lorbeer groß düngen, düngen daß er groß wird, wie wir sagen groß ziehen u. dgl.
11. T 130. S 175.
Du wirst, erfindungsreicher Larisäer.
S: Laertäer. Vgl. Grenzboten a. a. O. S. 395. 'Der

erfindungsreiche Larissäer ist wol aus Laertäer verdorben.' Dieß ist keineswegs anzunehmen, da Kleist niemals die unerhörte Form Laertäer braucht, sondern stets Laertiade sagt, und da, wenn er sie wirklich einmal gebraucht haben sollte, nicht zu begreifen wäre, wie ein Abschreiber oder Setzer daraus Larissäer machen sollte. Larissäer — wie auch im Phöbus schon steht — hat jedenfalls Kleist selbst geschrieben, indem er sich wahrscheinlich dunkel des Beiwortes Larissaeus, das Achilles bei Virgil führt, erinnerte und es fälschlich dem Odysseus gab.

13. T 131. S 176.
Auch uns, wie Wassersturz, hernieder sie,
Die unbesiegten Myrmidonier gießend.
S: Auf uns. Mit Recht.

13. T 131. S 177. — er rollt
Von eines Hügels Spitze scheu herab.
S: sich herab. Aber S hat mit großem Unrecht an dem ganz poetischen scheu Anstoß genommen.

20. T 137. S 184 ff. Doloper.
T: Dolop. (abbreviiert). S: Dolopier, während er jedoch 190 und 277 Doloperheld und 219 Doloper beibehalten hat.

27. T 141. S 190. Was neckt ihr?
S: Was macht ihr? Ich sehe nicht ein, warum an den Worten der Originalausgabe, die Achill in zerstreuter Stimmung zu den zwei Griechen sagt, die 'ihm unbewußt' seinen Arm ergriffen haben, um ihn zu verbinden, und die 'ihn mit ihrem Geschäft zu belästigen scheinen', die er eine Zeile vorher 'die Narren' genannt hat, Anstoß zu nehmen ist.

28. T 142. S 191.
Beim Gott des Donners! Nirgends oder dort.
S: nirgend.

34. T 146. S 196.

Es ruft die Schlacht noch einmal mich ins Feld!
Den jungen trotz'gen Kriegsgott bänd'g' ich mir.
T: Den jungen trotz'gen Kriegesgott zu bändigen.
S: Den jungen trotz'gen Kriegesgott zu bänd'gen.
Härten der Art, wie bänd'g' ich, kommen bei Kleist mehrfach vor. So im Amphitr. T 254, S 335: Den Punkt bewill'g' ich, wo T corrigiert: bewill'ge ich, daselbst T 292, S 386: Ich solcher Gnad' Unwürd'g', wo T. corrigiert: unwerth, daselbst T 296, S 391: der ew'g' Erschütterer der Wolken, im Pr. v. H. T 275, S. 342: Ich will sogleich das Nöth'g' an ihn erlassen, wo T corrigiert: das Nöthige erlassen. Vgl. auch Schroffenst. T 23, S. 81: wie Junker Philipp'n, T S: wie'm Junker Philipp. Amphitryon T 256, S 337 Dem Temp'l enttrat, T S: Den Tempel ließ.

35. T 146. S 197.

Wo ist der Sitz mir, der kein Busen ward,
Auch des Gefühls, das mich zu Boden wirft?
S: Doch des Gefühls. Aber Kleist liebt grabe das unbetonte auch in Fragen. So Penthesilea T 130, S 175: Nun? wer auch eilt uns dort heran? T 176, S 234: Nun? wem auch gelten diese Pfeil'? T 179, S 238: was willst du auch? T 179, S 239: Aus welchen Gründen auch? T 228, S 301: Was meint sie auch damit? (bei T S: nur damit?), T 230, S 309: Nun, was auch giebt's? (bei T S: denn giebts?). Zerbr. Krug T 42, S 64: Was ist dir auch? (bei T S: doch), T 68, S 100: was auch giebt's? Käthchen T 109, S 129: wo kömmst auch her? T 109, S 130: was auch geht's dich an? T 212, S 263: Was soll ich auch von dieser Rede denken? (T S: nur). Hermannsschl. T 362, S 449: Nun,

was auch willſt du mir? Guiskard T 303, S 324: Nun, wie auch ſteht's? T 317, S 340: Nun, was auch ſäumt er? Kohlhaas T 13, S 19: was auch giebt's? T 88, S 93: was auch verehrſt du mir da? Der Welt Lauf bei Köpke 158: was auch ſollſt du hier?

36. T 147. S 198.

  Wo ſich die Hand, die lüſterne, nur regt,
  Den Ruhm, wenn er bei mir vorüberfleucht,
  Bei ſeinem goldnen Lockenhaar zu faſſen,
  Tritt eine Macht mir hämiſch in den Weg —
  — Und Trotz iſt, Widerſpruch, die Seele mir.

In den Grenzboten a. a. O. S. 397 leſen wir über die letzte Zeile: 'Das könnte heißen: Mein Gemüth iſt ſelbſt voll Trotz und Widerſpruch und wird daher durch Widerſpruch nur noch mehr gereizt; — allein ſie fährt ſogleich fort:

  Denk' ich bloß mich, ſind's meine Wünſche bloß,
  Die mich zurück aufs Feld der Schlachten rufen?
  Iſt es das Volk, iſt's das Verderben nicht u. ſ. w.?

Da konnte ſie doch nicht eben erſt den eignen Trotz die Quelle ihrer Entſchließungen nennen! Es hieß höchſt wahrſcheinlich:

  Und Trotz reizt, Widerſpruch, die Seele mir.'

Und dieſe Conjectur hat S ſtillſchweigend in ſeiner Ausgabe auf-genommen, allein ſie ſcheint mir unglücklich. Es iſt ein gar zu trivialer Gedanke, den Penthefilea ausſprechen ſoll, daß Trotz und Widerſpruch ihre Seele reizen, denn bei wem geſchieht dieß nicht? Die Lesart der Originalausgabe iſt auch die des Phöbus. Wie ſie zu erklären iſt, was es 'heißen könnte' oder vielmehr heißen muß, iſt in den Grenzboten richtig geſagt. Die folgenden Verſe Denk' ich bloß mich u. ſ. w. können uns nicht ſtören oder ſie müßten uns auch bei der Lesart reizt ſtören.

37. T 149. S 199.
Verflucht das Herz, das sich nicht mäß'gen kann!
S: noch, nach einer Emendation seines Freundes Th. Gomperz, vgl. die Anmerkungen und Grenzboten a. a. O. S. 397. Zwar hat auch der so correct gedruckte Phöbus nicht, aber dieses nicht gibt im Zusammenhang durchaus keinen passenden Sinn.
41. T 151. S 202.
Nicht den Peliden, bei den ew'gen Göttern,
Wirst du in dieser Stimmung dir gewinnen,
Vielmehr, noch eh' die Sonne sinkt, versprech' ich,
Die Jünglinge verlieren.
T S: befürcht' ich. Versprech' ich, soviel wie: Verheiß' ich, ist viel nachdrücklicher.
42. T 152. S 203.
Führt aus der Schaar ihn den Gefangenen,
Lykaon, den Arkadier, herbei!
S: ihr der Gefangenen. Mit Recht.
42. T 152. S 204. — bergt euch
In der Gebirge fernsten Kluft.
S: fernste.
47. T 156. S 208.
Verwahre sie nur sorgsam, bis sie kömmt.
S: kommt.
Ich bemerke hier ein für alle mal, daß in den Originalausgaben der Werke Kleist's und danach bei T bald kommst und kommt, bald kömmst und kömmt gedruckt ist. S, der die letztere Form für falsch zu halten scheint, hat sorgfältig fast immer kommst und kommt drucken lassen und nur ein par mal die umgelautete Form übersehen.
54. T 161. S 214.
Was geht dem Volke der Pelide an?

T S: Was geht das Volk denn der Pelide an?
54. T 161. S 214. Ziemt's einer Tochter Ares, Königin, ...
T S: Ziemts Ares Tochter, einer Königin.
55. T 162. S 215. (Die Sonne), Die seine jungen Scheitel küßt.
S: seinen.
Kleist braucht merkwürdiger Weise Scheitel sehr gern als Plurale generis feminini. Penthes. T 205, S 272: während er die Scheitel, die blutigen, auf nackter Erde schleifte, wo S corrigiert: den Scheitel, den blutigen; T 233, S 307: soll ich dir jetzt die jungen Scheitel netzen? Zerbr. Krug T 75, S 110: die Perücke paßt euch doch, als wär' auf euren Scheiteln sie gewachsen. Käthchen T 106, S 126: den Boden mit Brust und Scheiteln küssend. Hermannsschl. T 330, S 409: von diesem Haupthaar, das von der Juno Scheiteln wallt. Marquise von O* T 156, S 161: Möge der Fluch des Himmels von diesen Scheiteln weichen. Cäcilie T 250, S 255: den Boden mit Brust und Scheiteln küssend. Aber auch im Singular gebraucht Kleist die Scheitel; Penthes. T 125, S 169: der Helmbusch wallt ihr von der Scheitel; T 132, S 178: reißt bei der Scheitel sie von hinten nieder. Käthchen T 128, S 154: Göttlicher mit der Scheitel des Zeus; T 198, S 246: treff ich auf jene graue Scheitel; Hermannsschl. T 333, S 413: er löst mir eine Locke von der Scheitel. In folgenden Stellen ist Singular und Plural nicht zu unterscheiden: Penthes. T 161, S 214: Auf des Peliden Scheitel! Auf wessen? Seine sagt' ich; T 173, S 229: Beut deine Scheitel der Götter Blitzen dar, wo S deinen corrigiert; T 191, S 254: Um deine Scheitel, wo S deinen corrigiert; T 192, S 255: sie setzt ihm einen Kranz auf die Scheitel, wo S den Scheitel gibt; T 223,

S 295: mit Rosen wird sie seine Scheitel kränzen, wo S seinen ändert. Käthchen T 131, S 158: auf die Scheitel meiner lieben Braut, T 212, S 263: ein Baldachin soll diese Scheitel schirmen. Hermannsschl. T 312, S 387: du häufst Siegsruhm auf die Scheitel (Thusnelda's), die du davon entkleiden willst; T 333, S 413: die Scheitel ratzenkahl dir abzuscheeren; T 416, S 517: auf deine Scheitel falle sie zurück. Gedicht an den Erzherzog Karl T 338, S 376: Dir die Scheitel, o Herr, zu krönen. Als Masculinum kömmt Scheitel seltener vor: Amphitr. T 329, S 435: und wenn die Pyramide den Scheitel bis zum Wolkensaum erhebt, Guiskard T 315, S 338: hier diesem alten Scheitel hat seiner Haare keins noch weh gethan, zu welcher Stelle man unten meine Anmerkung vergleiche, und endlich am Scheitel Penthesilea T 174, S 232; im Scheitel Penthesilea T 172, S 228, Guiskard T 301, S 321; vom Scheitel Penth. T 165, S 219; Käthchen T 141, S 172; Hermannsschl. T 347, S 430; T 380, S 471; politische Schriften, herausgeg. v. Köpke 101. — Wie Kleist dazu gekommen ist Scheitel so oft als Plurale generis feminini zu gebrauchen, weiß ich nicht.

59. T 165. S 219.

Und wirst das Schwerdt hinweg, das Schild hinweg.

S: den Schild. Weiter unten T 209, S 277 hat auch die Originalausgabe den Schild. Aber Schroffenstein T 37, S 48 finden wir ein verwundlos steinern Schild und hier hat S nicht corrigirt.

61. T 166. S 220.

Und mähet seine üpp'gen Glieder nieder.

T S: Glieder ab, aus Anstoß an dem Reime (Glieder: nieder).

63. T 167. S 222. — Das Siegsfest sollte sich,
Das heißersehnte, deiner Jungfraun feiern!
T S: — Das Siegsfest sollten so,
Das heißersehnte, deine Jungfraun feiern!
T hat offenbar geändert, weil er Anstoß an dem Gebrauche des Reflexivums für das Passivum nahm. Aber grade dieser Gebrauch gehört zu den Eigenheiten der Kleistschen Sprache. Im Phöbus lautete unsere Stelle:
Es sollte sich das Fest des Siegs, nun ja!
Das heißersehnte deiner Jungfrau'n, feiern.
Ich lasse eine Anzahl Beispiele für diesen Gebrauch des Reflexivums bei Kleist folgen. Penthef. T 153, S 205: Sorge, daß sich des Kampfes Inbrunst mir nicht störe. T 158, S 210: wem winden jene Kränze sich? Sagt an! T 160, S 212: das Drängen nur verwirrter Kriegerhaufen nimmt sich wahr. T 166, S 221: Auf diesem Platz hier soll es sich vollbringen? T 167, S 221: weil sich ein flüchtger Wunsch mir nicht gewährt. T 175, S 233: So hemmt sich sein wahnsinniger Fortschritt nicht. T 193, S 257: wenn .. der Ring sich mißte. Amphitr. T 279, S 369: Schmachvoll wie die Beleid'gung ist, die sich mir zugefügt. T 284, S 375: Wenn sich die rasende Behauptung wagt, daß ... T 313, S 414: alsbann wird ungesäumt die Rache sich vollstrecken. Zerbr. Krug T 52, S 77: daß ein falscher Eid sich schwören kann. T 55, S 81: ich war daheim, als sich der Krug zerschlug. T 76, S 113: ihm bis dahin krümmt sich kein Haar. Käthchen T 166, S 204: heut .. soll der Frevel sich vollstrecken. T 212, S 263: (dort) soll sich ein Sommersitz dir auferbauen. Prinz v. H. T 293, S 364: die Regel, nach der der Feind sich schlägt (d. h. geschlagen wird.) Hermannsschl. T 325, S 402: dagegen mir das sanftere Ziel sich steckte. T 326, S 404: durch deren Hülfe ...

sich solch ein Herrschamt allererst errichtet. T 369, S 457:
einen Gräuel, wie den, läßt du auf Erden sich verüben, wo
T S haben: doch verüben.
64. T 168. S 223.
    Der Sieg, ist er erkämpft mir schon, daß mit
    Der Hölle Hohn schon der Triumph mir naht?
    T S: jetzt der Triumph. Das zweimalige schon hat
bereits der Phöbus.
64. T 168. S 223.
    Geknickt, gleich dieser Rosen einen, läge . .
    T S: gleich dieser Rosen eine. Es muß vielmehr heißen
einer. Im Phöbus hieß es gleich einer dieser Rosen.
66. T 169. S 225.
    Hülflosere als Pfeil und Wangen noch.
    S: Wagen. Notwendige und treffende Aenderung. Vgl.
Grenzboten a. a. O. S. 397.
69. T 171. S 227. Wie, sag', wie faßt' ich mich?
T S: fass'.
69. T 171. S 227. Dort fändest du . .
    Dein ganzes Heer, das jetzt zerstreut, zusammen.
    T S: beisammen.
71. T 172. S 229. — Meroe. Was sagte sie?
Prothoe. Was siehst du, Fürstin —?
                Meroe. Worauf heftet sich —?
Prothoe. Geliebte, sprich!
    Bei T S fehlt der Vers: Was siehst — heftet sich,
offenbar nur durch Versehen.
72. T 173. S. 229.
    Beut deine Scheitel, einem Schlußstein gleich,
    Der Götter Blitzen dar.
    S: deinen Scheitel. Vgl. oben S. 16.

72. T 173. S 229.

Nicht aber wanke in dir selber mehr,
So lang ein Athem Mörtel und Gestein
In dieser jungen Brust zusammenhält.

S erklärt in den Anmerkungen: 'Athem gibt gar keinen Sinn', vgl. auch Grenzboten a. a. O. S. 397, und setzt dafür nach der Vermutung seines Freundes Th. Gomperz Atom. Wie kann man unserm Dichter, der zwar hie und da bei seltenen antiken Eigennamen gegen die Quantität fehlt, die Scansion: 'So lang ein Atom' zutrauen? Und Athem braucht gar nicht angerührt zu werden, da es einen ganz deutlichen Sinn gibt. Da der Mensch mit dem letzten Atemzuge stirbt, so kann ein Dichter sagen, daß der Atem Mörtel und Gestein der Brust zusammenhalte.

73. T 173. S 230. Meroe. Nur schnell!

Diese Worte hat S stillschweigend suppliert, da in der Originalausgabe und bei T nur 'Meroe' dasteht. Ob S das richtige getroffen, läßt sich nicht sagen.

75. T 175. S 232. Ich, Rasende!

Das Komma ist zu tilgen, denn Penthesilea nennt sich selbst eine Rasende.

78. T 176. S 234.

Erste Amaz. Herunter, wenn du willst, damit.
      Zweite. Es braucht's nicht.

T S: Es braucht nicht. Vielleicht nur Druckfehler, jedenfalls Verschlechterung. Es braucht's nicht kehrt einige Seiten weiter T 180, S 239 wieder.

83. T 179. S 239.

Ei sieh bei Zevs, des Donnrers, Locken.

S: beim Zeus, des Donnrers Locken. Druckfehler!

88. T 182. S 243. Versprichst du mir?

T S: du's.

89. T 183. S 243. Indeß das Glück ...
   Sich wieder wendet und zum Himmel schon
   Die Schritte wieder flüchtig setzen will.
T S: lenken.
93. T 185. S 247.
Penthes. Er (Achill) wär' gefangen mir?
                    Prothoe. Wie sonst? Ist's nicht?
Achill. In jedem schönern Sinn, erhab'ne Königin!
   Gewillt mein ganzes Leben fürderhin
   In deiner Blicke Fesseln zu verflattern.
T S: In jenem. Wol zu billigen.
93. T 186. S 247.
   Ihr Säfte meiner Jugend, macht euch auf,
   Durch meine Abern fleucht, ihr jauchzenden!
T S: flieht.
Vgl. oben T 147 u. 174, S 198 u. 232: vorüberfleucht;
T 159, S 211: wer rasch erfleucht den Hügel? Amphitr. T 262,
S 345: die Nacht fleucht. Käthchen T 208, S 258: durchfleuch's.
94. T 186. S 248.
   An euer Amt, ihr Priest'rinnen der Diana.
T S: ihr Priest'rinnen Dianens.
95. T 187. S 248. — erdenke,
   Wie ich ein Fest jetzt göttlicher, als der
   Olymp durchjubelte, verherrliche
S: den Olymp. Aber kann man nicht recht gut sagen: der Olymp (d. h. die olympischen Götter) durchjubelt ein Fest?
97. T 188. S 250.
   Er weilt noch in den Wäldern, meine Königin!
Bei S fehlt meine.
97. T 189. S 251.
   War denn der Diana Oberpriest'rin hier?

T S: Dianens.
102. T 191. S 254.
-Um beine Scheitel, beinen Nacken.
S: beinen. Vgl. oben S. 16.
102. T 192. S 255.
Sie setzt ihm noch einen Kranz auf die Scheitel.
S: ben Scheitel. Vgl. oben S. 16.
104. T 193. S 256.
O bu, bie eine Glanzerscheinung mir,
Als hätte sich das Aetherreich eröffnet,
Herabsteigst, Unbegreifliche, wer bist bu?
T S: Herabsteigt. Im Phöbus steht bereits herabsteigst. Kleist braucht in solchen Fällen balb bie 2te, balb bie 3te Person, vgl. unten meine Bemerkung zu Kohlhaas 78.
116. T 201. S 267.
Hier pflegen wir, im Tempel Diana's, ihrer.
T: Im Tempel der Diana pflegt man ihrer. S hat bie alte Lesart, bie T, uneingedenk der Construction ber folgenden Verse, geändert, wieder hergestellt.
116. T 202. S 268. Und manches Herz..
Begreift nicht, wie bie große Tanais
In jedem ersten Wort zu preisen sei.
T: In jenem. S hat bie alte Lesart wiederhergestellt, vgl. Grenzboten a. a. O. S. 397.
118. T 203. S 269. — als bie Sendung
Des Mars mir feierlich im Pallast erschien.
T S: festlich. Unpassend!
119. T 204. S. 270.
Es schickt sich nicht, daß eine Tochter Mars
Sich ihren Gegner sucht, den soll sie wählen,
Den ihr der Gott im Kampf erscheinen läßt. —

Doch wohl ihr, zeigt die Strebende sich da,
Wo ihr die Herrlichsten entgegenstehn.
S: Werbende. S sagt in den Anmerkungen: 'Werbende
für Strebende scheint mir evident'. Ich kann darin nur eine
höchst überflüssige Aenderung sehen.
121. T 205. S 272.
Und in mein Herz, wie Seide weiß und rein,
Mit Flammenfarben jede brannt' ich ein.
T S: weiß und klar, wol aus Anstoß an dem Reime
(rein : ein).
121. T 205. S 272.
— während er die Scheitel,
Die blutigen, auf nackter Erde schleifte.
S: den Scheitel, den blutigen. Vgl. oben S. 16.
122. T 206. S 273. — wie wenn zur Nachtzeit
Der Blitz vor einen Wandrer fällt, die Pforten
Elisiums, des glanzerfüllten, rasselnd,
Vor einem Geist sich öffnen und verschließen.
S: vor seinem Geist. Vgl. Grenzboten a. a. O. S. 398.
123. T 207. S 274.
Denn dort, wenn meines Volkes Krieg beschlossen.
T S: geendet. Allerdings ist beschlossen hier zweideu=
tig. Aber noch zweideutiger ist die Stelle oben T 150, S 201:
der Sieg sei erkämpft, beschlossen schon auf jede Forderung der
ganze Amazonenkrieg. Vgl. auch im Zweikampf T 287, S 292:
O, Littegard, beschloß er, im Leben laß uns u. s. w.
127. T 209. S 277.
Wo Dianas Tempel aus den Eichen ragt!
. . . . . .
Wo Dianas Tempel aus den Wipfeln ragt!

T S: Wo aus den Eichen ragt Dianas Tempel!
. . . . . .
Wo aus den Wipfeln ragt Dianas Tempel!
131. T 212. S 280.
Penth. Prothoe!
Proth. Mein Schwesterherz!
Penth. Ich bitte dich, bleib bei mir!
T S: Penth. Prothoe.
Penth. Schwesterherz.
Proth. O! bleib bei mir!
131. T 212. S 280.
Im Tod, du weißt — was bebst du, meine Königin?
T S lassen meine weg.
133. T 213. S. 282.
So fordert er zum Kampf, auf Tod und Leben,
Noch einmal dich in's Feld hinaus.
T S: zu Kampf. Im Phöbus: zum Kampf.
133. T 213. S 282.
Hört' ich doch einen Sandblock just so gern,
Endlosen Falls, bald hier, bald dort anschmetternd,
Dem klafternhohen Felsenriff entpoltern.
T S: Felsenriß. Vielleicht keine absichtliche Aenderung T's, sondern nur ein Druckfehler. Das Beiwort klafternhoch paßt sehr gut zu Felsenriff, nicht aber zu Felsenriß.
139. T 217. S 287. Sag'... nichts...
Obyß von dem, was ich dir vertraue.
T S: anvertraue. Mit Recht; so hatte bereits der Phöbus.
140. T 218. S 288.
[Achill zu Diomedes:] Er hört mich nicht!
Was er im Weltkreis noch, so lang er lebt,

Mit seinem blauen Auge nicht gesehn,
Das kann er in Gedanken auch nicht fassen.

S: blöden Auge. In den Anmerkungen hat S über diese kühne Aenderung kein Wort verloren. In den Grenzboten aber a. a. O. S. 398 ist zu lesen: 'Was soll das blaue Auge des Diomed? Eine an sich gewiß sehr schätzenswerthe Notiz, die vielleicht durch mündliche Ueberlieferung auf Kleist gekommen ist, hier aber doch nicht ganz an ihrem Platze. Es heißt augenscheinlich mit Aenderung kaum eines Buchstaben: mit seinem blöden Auge.' Daß aber hier kein Druckfehler vorliegt, geht schon aus dem Phöbus hervor, wo zwar nicht mit seinem blauen Auge, aber mit seinen blauen Augen steht. Und muß man denn an dem blauen Auge Anstoß nehmen, oder ist es nicht vielmehr ächt dichterisch, daß Kleist ein recht individualisirendes, lebendiges Beiwort wählt? Vgl. in der Penthesilea T 219, S 290 Penthesilea's kleine Füße und T 238, S 315 ihre kleinen Hände, in der Marquise von O** T 148, S 153 deren kleine Hände, in dem Erdbeben von Chili T 173, S 178 Josephens kleine Füße, im Käthchen T 189, S 235 deren schwarzes Auge. Außerdem paßt das Beiwort blöd an unsrer Stelle insofern gar nicht, als es hier nur auf das Sehen überhaupt, gar nicht auf das mehr oder weniger scharfe Sehen ankömmt.

141. T 218. S 289.
— Das wird
Euch ja den alten, meerzerfreß'nen Isthmus
Nicht gleich zusammenstürzen! Frei bin ich dann.

S: Frei dann bin ich.

144. T 220. S 291.
Wenn im Pallast des Priamus ein Hecht
Regiert', ein Ottern- oder Ratzenpaar
Im Bette sich der Helena umarmten.

S: ober Rabenpaar. Starker Druckfehler!
146. T 221. S 293.
  Gält' es, die Atreiben anzugreifen.
T S: Gält' es jetzt die Atriden.
Kleist sagt hier Atreiben, wie er auch neben Peliben Peleiben, und bald Neribensohn, bald Nereibensohn sagt.
149. T 223. S 295.
  Mit Rosen wird sie seine Scheitel kränzen.
S: seinen. Vgl. oben S.-16.
149. T 223. S 295.
  War dieser Jubellaut der Freude nicht?
T S: War dies ein Jubellaut der Freude nicht?
Vgl. aber oben T 174, S 231: Dies Werk ist der Giganten.
150. T 223. S 296.
  Hier kommt es, bleich wie eine Leiche, schon
  Das Wort des Gräuel-Räthsels uns heran.
T S: herab. Vielleicht nur Druckfehler, jedenfalls ganz unpassend, da Meroe von keiner Höhe kommt.
150. T 224. S 296.
  O ihr, der Diana heil'ge Priesterinnen.
T S: O ihr, Dianens.
151. T 224. S 297.
  In Dianas Tempel folgen wollt' er ihr.
T S: Und wollt' ihr zu Dianas Tempel folgen.
152. T 225. S 298.
  — Sie stürzt
Sich über ihn, und reißt — reißt ihn beim Helmbusch,
Gleich einer Hündin, Hunden beigesellt,
Der greift die Brust ihm, dieser greift den Nacken,
Daß von dem Fall der Boden bebt, ihn nieder!

Ihn nieder gehört zu reißt, Der greift — Nacken ist parenthetisch. T S hätten deshalb nach beigesellt kein Semikolon setzen sollen.

154. T 227. S 300. Entsetzen griff mich.
T S: faßt' mich.
Kleist liebt das Zeitwort greifen, wo man gewöhnlich dafür ergreifen oder fassen braucht. Vgl. die vorhergehende Stelle und ferner in der Penthesilea T 134, S 180: die Zügel greifen, T 156, S 207: eine Knospe greifen, T 198, S 263: den Bogen greifen, T 204, S 271: die Krone, den Bogen greifen, T 216, S 286: die Zügel greifen, T 239, S 317: das eine für das andre greifen, im zerbrochenen Krug T 60, S 89: die Perücke greifen. Schrecken im Bade T 323, S 358: die Büchse greifen. Zwei ehrliche Hühnerhunde, die... Alles griffen, was sich blicken ließ, T III, 331, S III, 368. In der Marquise von O** T 139, S 144 sagt Kleist sogar: sie griff sich ein Herz, wo T S freilich faßte haben. Eigen ist auch der Gebrauch von greifen in der Hermannsschlacht T 342, S 423: Ich meine, was jetzt eben Feuer griff, und T 388, S 482: Auf diesem Weg, den ich im Irrthum griff.

154. T 227. S 300.
Bekränzt mit Nesseln, die Entsetzliche.
Dem dürren Reif des Hag'borns eingewebt.
S: Reis. Daß dies nicht Druckfehler, sondern absichtliche — freilich ganz unnötige — Aenderung ist, sehen wir aus den Grenzboten a. a. O. S. 398.

155. T 228. S 301.
Dritte Amazone. Winkt immer wieder —
Erste. Winkt immer zu der Priest'rin Füßen nieder.
T S: Winkt immer nieder zu der Priestrin Füßen, um das Reimen der Verse zu meiden.

156. T 228. S 301.
Warum just vor der Diana-Priest'rin Füßen?
T S lassen just weg. Just ist ein Lieblingswort Kleist's, das in allen seinen Dramen, und auch in der Penthesilea mehrere male, vorkömmt.
156. T 228. S 301. Was meint sie auch damit?
T S: Was meint sie nur damit?
Vgl. über das auch in der Frage oben S. 13.
156. T 228. S 302.
Sie blicket immer auf die Priest'rin ein.
T S: hin. Sie haben nicht bedacht, daß Kleist das Verbum einblicken noch zweimal ebenso gebraucht, nemlich im Kohlhaas T 61, S 66: weil das Gesindel höhnisch auf ihn einblickte, und in der Marquise von O* T 155, S 160: die Marquise blickte mit töbtender Wildheit bald auf den Grafen, bald auf die Mutter ein.
157. T 229. S 302. — Die That, die sie
Vollbracht hat, ist zu scheußlich; laß mich sein.
T S: drum laß mich.
Laß (Laßt) mich sein kömmt weiter oben T 169, S 224, in der Hermannsschlacht T 382, S 474 und im Käthchen T 177, S 219 vor. An der letzten Stelle haben T S: Laßt mich! Fort! geschrieben.
158. T 229. S 303.
Erste Amaz. Wie sie ihn dreht und wendet —
Die zweite. Wie sie ihn mißt!
S: Wie ihn mißt!
158. T 229. S 303. — Pfeil und Bogen,
Sie hat sie stets mit eigner Hand gereinigt.
T S: Die hat sie.
159. T 230. S 304. Nun, was auch giebt's?

T S: Nun, was denn giebt's?
Vgl. über das auch in der Frage oben S. 13.
159. T 230. S 304.
('Ein Schauer schüttelt die [halbwahnsinnige] Penthesilea zusammen und sie läßt den Bogen fallen.')

    Die erste Amazone.
Der Bogen stürzt' ihr aus der Hand danieder!
    Die zweite.
Seht, wie er taumelt —
    Die vierte.
  Klirrt, und wankt, und fällt —!
    Die zweite.
Und noch einmal am Boden zuckt —
    Die dritte.
       Und stirbt,
Wie er der Tanais geboren ward.

Die letzten Zeilen finden ihre Erklärung, wenn man sich aus dem funfzehnten Auftritte der Erzählung der Penthesilea von der Gründung des Amazonenreichs erinnert. Hiernach war die erste erwählte Königin der Amazonen, Tanais, im Tempel des Ares eben im Begriff aus der Oberpriestrin Hand den großen, goldenen Bogen des Scythenreichs, den sonst die Könige geführt, zu empfangen, als plötzlich eine Stimme rief, Frauen könnten ihrer Brüste wegen Bogen nicht leicht regieren. Da riß sich Tanais die rechte Brust ab, taufte die Frauen Amazonen oder Busenlose und sank zusammen. Penthesilea fährt dann in der Erzählung fort:

  Still auch auf diese That ward's, Peleide,
  Nichts als der Bogen ließ sich schwirrend hören,
  Der aus den Händen, leichenbleich und starr,
  Der Oberpriesterin daniederfiel.

Er stürzt', der große, goldene, des Reichs,
Und klirrte von der Marmorstufe dreimal,
Mit dem Gedrön der Glocken, auf, und legte,
Stumm wie der Tod, zu ihren Füßen sich.
Zu ihren Füßen, b. h. zu den Füßen der Tanais, nicht etwa der Oberpriesterin. Der Bogen, den die Königin eben aus der Hand der Priesterin empfangen soll, stürzt der erschrockenen Priesterin aus der Hand und legt sich selbst zu Füßen der Königin nieder, ein göttliches Zeichen. Der Tanais, die den Bogen des Reichs als die erste Königin damals zuerst empfieng, ward er damals gleichsam geboren, der Penthesilea aber, deren Hand er entfällt, stirbt er. Dies scheint mir der Sinn der Worte der dritten Amazone zu sein. Schmidt aber findet sie sinnlos und ändert nach der Vermutung seines Freundes Gomperz (vgl. die Anmerkungen und Grenzboten a. a. O. S. 398):

— Und birst,
Wie er der Tanais geborsten war.

Aber wo steht in jener Erzählung etwas davon, daß der Bogen der Tanais geborsten? Und wie sollte auch damals, als die Gottheit die große Tat der Tanais durch ein Zeichen anerkennen, aber nicht misbilligen wollte, der Bogen, das Symbol des Reichs, zerbrochen sein?

160. T 230. S 305.
Die Tanais, das gesteh ich jetzt, sie hat.
Bei T S fehlt das.

161. T 231. S 305.
Die erste Amazone.
Sie wischt sich eine Thräne ab!
Die Oberpriesterin.
O Diana!

Bei T S fehlt O.

163. T 232. S. 307.
   Sonst müßte man die Leiche des Achills.
   T S: Achill.
   Vgl. Hermannsschlacht T 312, S 387: des Homers, wo S Homer, T 396, S 492: des Olymps.
164. T 233. S 308.
   Nun denn, so komm mir auf den Sitz zurück!
   T S: hier. Ueber Eigentümlichkeiten im Gebrauche des Dativs vgl. meine Bemerkung zu Amphitryon 130 und zu Käthchen 112.
166. T 234. S 310.
   Ganz reif zum Tod', o Diana, fühl ich mich.
   T S: Zum Tode reif, Diana!
166. T 234. S 310.
   Daß ich mir den Peliden überwand.
   T S: Daß ich hier. Aber man vergl. oben T 147, S 197: Ich will ihn mir überwinden oder leben nicht.
166. T 235. S 310.
   Penth. Mit wem sprichst du?
                  Proth. Fort, Rasende!
                              Penth. O Diana!
   Bei T S fehlt O.
167. T 235. S 311.
   O Diana! warum soll ich nicht? O Diana!
   T S: O Diana! warum soll ich nicht? O Göttin!
168. T 236. S 312.
   Doch ein Verräther ist die Kunst der Schützen.
   S: des Schützen. S. Grenzboten a. a. O. S. 398.
169. T 237. S 313.
   — Das aber will ich wissen,
   Wer mir so gottlos neben hat gebuhlt.

T S: Nebenbuhl'rin warb.
170. T 237. S 314.
Was soll man nun der Rasenden erwidern?
T S: nur.
173. T 239. S 317.
Ich habe mich, bei Diana! bloß versprochen.
T S: beim Himmel!
173. T 239. S 317.
Doch jetzt sag' ich dir deutlich, wie ich's meinte.
S: sag ich's.
173. T 240. S 317.
Und hinterher, das Wort beprüft.
S: geprüft., Aber beprüfen ist ein tadelloses Wort, vgl. Grimm's Wb. I, 1481.
175. T 241. S 319.
— Willst du die Pfeile auch?
Hier schütt' ich ihren ganzen Köcher aus!
T S: dir den ganzen.

Amphitryon.

Originalausgabe: Heinrich von Kleists Amphitryon, ein Lustspiel nach Moliere. Herausgegeben von Adam H. Müller. Dresden, in der Arnoldischen Buchhandlung. O. J. 8°.

10. T 249. S 327.
• Hier dieser Arm bald wird Respekt ihm lehren.

S: wird bald ... ihn ... Wegen ihn vgl. S. 8.
12. T 250. S 328.
Ich bin allein, er auch; zwei Fäuste hab' ich.
T S: Fäust'.
14. T 251. S 329.
Merkur. Und die Verwicklung einzuleiten, werd' ich
Mit dieser Hand hier hinter's Ohr dir schlagen.
Sosias. Mir? Merkur? Dir.
S: dich. Mich? Dich.
16. T 251. S 331.
Du sagst von diesem Hause dich?
T S: Du willst von diesem Hause sein?
Man vgl. Käthchen T 139, S 169: daß du sie deine Gattin sagst; T 200, S 248: Käthchen, die dein Kind du sagst.
17. T 251. S 331. Doch welch ein Schluß erfolgt?
T S: Doch welcher Schluß folgt draus?
18. T 252. S 332.
Gegeben wird er mir, ich nehm' ihn nicht
T S: ward .. nahm.
21. T 253. S 334.
Und Allem, was du aufstellst, sag' ich ja.
T S: Zu Allem ..
22. T 254. S 334.
Doch das Gewicht hat deiner Gründe mich
Belehrt.
T S: Doch das Gewicht von deinen Gründen hat mich.
Aber Kleist liebt es den Genitiv von dem ihn regierenden Substantiv durch ein oder mehrere Worte zu trennen, z. B. Amphitr. T 272, S. 359: Dies ist der Empfang, beim Himmel, nein! der heißen Liebe nicht; T 275, S 363: die ganze Dienerschaft ist dieses Schlosses Zeuge mir; T 284, S 374:

Das Diadem ist es des Labbalos; T 284, S 375: da ich den heißen Schmerz erwäg' Amphitruon's; T 286, S 378: ein unsägliches Gefühl ergriff mich meines Glücks. Penthes. T 131, S 176: Ein neuer Anfall, heißt wie Wetterstrahl, schmolz dieser wutherfüllten Mavorstöchter rings der Aetolier wackre Reihen hin; T 132, S 177: Es stürzt Automedon in die Verwirrung hurtig sich der Rosse; T 149, S 200: Es soll der Glanz, auch meilenfern hin, deiner Waffen dein Heer nicht schrecken; T 149, S 200: Wenn du den Rath willst gütig versammelt aller Fürstinnen befragen. Prinz v. H. T 226, S 280: als ob der ganze Reigen zu mir niederstiege der Menschen, die mein Busen liebt; T 237, S 294: Du hast am Ufer, weißt du, mir des Rheins; T 255, S 316: Der Sieg ist glänzend dieses Tages; T 295, S 366: Die Veranlassung, du wälzest sie des Frevels auf mich. Herrmannsschl. T 310, S 384: wenn ich dem Fürsten mich der Friesen nicht verbände; T 314, S 390: Laßt den Becher zur Letzung jetzt der müden Glieder kreisen; T 315, S 390: gab ich der Rach' ihn des Augustus Preis; T 329, S 408: Mein Gemüth war von der Jagd noch ganz des wilden Urs erfüllt; T 354, S 439: das Gesetz verurtheilt ihn des Kriegs; T 366, S 454: Laßt uns den Strom sogleich der Weser überschiffen. Guiskard T 306, S 328: das Ehepaar, das mir den Ruhm im Bette zeugt der Schlacht. T III, 338, S III, 376. Siehe, die Jungfrau'n rief ich herbei des Landes.

23. T 254. S 335.

Merkur. Den Punkt bewill'g' ich.

Sosias. Nun, so sage mir.

T S: Den Punkt bewill'ge ich. Nun, sage mir.

In Bezug auf bewill'g' vgl. oben S. 13 zu Penthesilea 34.

27. T 256. S 337.
Da er, vom Staub der Mordschlacht noch bedeckt,
Dem Temp'l enttrat, wo er dem Mars geopfert.
T S: Den Tempel ließ.
Temp'l ist allerdings hart, aber vgl. oben S. 13 zu Penthes. 34. Mit ent= zusammengesetzte Verba liebt Kleist sehr, so, von allgemein üblichen abgesehen: ein Giftpilz, der der Haid' ent=blüht, Käthchen T 200, S 248; daß ihr in hellen Tropfen Blut entfloß, Käthchen T 150, S 183; dem Felsenriff entpoltern, Penthes. T 213, S 282; Wissenschaft, entschöpft dem Himmels=bronnen, Käthchen T 200, S 248; mit diesem Wort entsitzt er seinem Fuchs, Homburg T 252, T 313; da ich dem Bett ent=steige, zerbr. Krug T 4, S 6; kein Opfer entsteig' ihm mehr, Gedicht in Kleist's Leben und Briefen, herausgeg. v. Bülow 257.

30. T 258. S 340.
Nun wär's gleichviel, wenn mich
Die Erde gleich von diesem Platz verschlänge.
T S: an diesem.

35. T 260. S 343.
Ist der Gedanke süß, daß du mir angehörst.
T S: Ist das Gefühl süß, daß du mir gehörst.
Hierdurch erhalten wir allerdings einen richtigen Vers, aber es finden sich viele überlange Verse im Amphitryon.

35. T 261. S 343.
Du weißt, daß ein Gesetz der Ehe ist
Und eine Pflicht, und daß, wer Liebe nicht erwirbt,
Noch Liebe vor dem Richter fordern kann.
S: die Ehe. Vielleicht nur Druckfehler, jedenfalls grund=lose und falsche Aenderung.

36. T 261. S 343.
Dir möcht ich, deinem Herzen, Theuerste,

Jedwede Gunst verdanken, möchte gern
Nicht, daß du einer Förmlichkeit dich fügtest
Zu der du dich vielleicht verbunden wähnst.
T S: einer Frömmigkeit, was ganz sinnlos und wol nur durch Versehen in T's Ausgabe gekommen ist.
37. T 261. S 344.
Ich möchte dir, mein süßes Licht,
Dies Wesen eigner Art erschienen sein.
S: Als Wesen.
44. T 265. S 319.
Den Mann vielmehr beneid' ich, dem ein Freund
Den Sold der Ehe vorschießt; alt wird er
Und lebt das Leben aller seiner Kinder.
T: ihrer Kinder. Wol nur durch Versehen. S hat seiner hergestellt, ohne zu wissen (vgl. die Anmerkungen), daß bereits die Originalausgabe so hat.
47. T 267. S 351.
Soll ich nach meiner Ueberzeugung reden,
Ein ehrlicher Kerl, versteht mich, oder so..
T S: Ganz ehrlich hin, versteht..
54. T 269. S 355.
Es ist gehauen nicht und nicht gestochen,
Ein Vorfall, koboltartig, wie ein Mährchen,
Und dennoch ist es, wie das Sonnenlicht.
T S: Und dennoch ist er.
58. T 271. S 357.
Den aberwitzgen Vorfall...
Den du mir hier für Wirklichkeit erzählst.
T S: als Wirklichkeit.
61. T 272. S 359.
— Ich stand im Wahn, daß mich

Der Krieg zu lange schon von hier entfernt,
Zu spät, war meine Rechnung, kehrt ich wieder.
T S: Zu spät, nach meiner Rechnung.
Die Worte war meine Rechnung sind parenthetisch eingeschoben und daran ist nichts zu tadeln.
66. T 275. S 362.
Besinne dich. Versammle deine Geister.
T S: Besinne dich und sammle ...
66. T 275. S 362. Ich will's, daß du mir glaubst.
T S: Ich will.
67. T 275. S 362.
Die Hunde, die deine Knie umwebelten.
S: dein Knie.
68. T 276. S 363.
Das Diadem halt' ich mit meinen Händen.
S: in meinen Händen.
68. T 276. S 364.
Und gleichwohl — trügen mich nicht alle Sinne.
T S: alle meine Sinne.
Der Zusatz von meine ist unnötig und macht den Vers zu lang, während doch sonst T zu lange Verse zu kürzen sucht.
69. T 276. S 364.
Warum ergreift Bestürzung ihn, Entgeisterung?
S: Entgeistung. Entgeisterung ist ein tadelloses Wort, welches Grimm im Wörterbuch mit zwei Stellen Wieland's belegt hat. Leopold Schefer sagt in der Sibylle von Mantua S. 77: das Gute ist die Begeisterung, das Böse die Entgeisterung. Oben im Amphitryon T 249, S 328 hieß es:
— Hätt' ihn die Hölle ausgeworfen,
Es könnt' entgeisternder mir nicht sein Anblick sein.
Hier hätte S consequent entgeistender schreiben müssen.

74. T 278. S 367. — Und was die Lust dir sonst,
Die ausgelass'ne, in den Mund dir legte.
S: Und was die Lust noch sonst.
Allerdings ist das doppelte dir nicht zu loben, aber man vergl. weiter unten T 280, S 369:
Ich rufe deinen Bruder mir, die Feldherrn,
Das ganze Heer mir der Thebaner auf,
und T 286, S 377:
Warum fiel solch ein fremdes Zeichen mir,
Das kein verletzter Sinn verwechseln kann,
Warum nicht auf den ersten Blick mir auf?
Schroffenst. T 99, S 135:
Will er mit Ketten mich und Banden mich
Umwinden?
Penth. T 128, S 172:
Als sie uns Augen, sie zu missen, Arme,
Sie wieder zu befrein, uns übrig ließ,
und T 167, S 221:
Ich will ihn ja, ihr ew'gen Götter! nur,
An diese Brust will ich ihn niederziehn!
77. T 280. S 369.
Verfolg mich nicht, ich will ganz einsam sein.
T S: Und folg mir nicht.
78. T 280. S 370.
Ich muß ein wenig auf den Strauch ihr klopfen.
T S: hier, statt ihr.
91. T 286. S 378.
Er stand, ich weiß nicht, vor mir, wie im Traum.
T S: wie ein Traum.
92. T 287. S 378.
Warum stets den Geliebten nennt' er sich.

S: nannt'. Mit Recht.

93. T 287. S 379.

Ja, schwör' ich auf den Altar gleich, daß..

T S: auf dem Altar.

Ebenso weiter unten 178, T 327, S. 432: Jetzt einen Eid selbst auf den Altar schwör' ich, wo T S auch dem corrigiert haben. Und allerdings heißt es im zerbr. Krug T 51, S 76 auch in der Originalausgabe: will ich mit einem Eid, wenn ihr's verlangt, auf heiligem Altar bekräftigen, und T 52, S 77: doch daß ein falscher Eid sich schwören kann auf heil'gem Altar. Dagegen in der Fam. Schroff. T 4, S 4: Ich schwöre Rache, Rache auf die Hostie, und im Zweikampf T 285, S 289: ihm hat er auf die heilige Hostie die Wahrhaftigkeit der Angabe beschworen. Hieraus sieht man, 'auf den Altar schwören' ist das richtige, da es nicht heißen soll, auf dem Altar stehend schwören, sondern ihn berührend, wie auch die Hostie nur berührt wird.

99. T 290. S 383.

Nicht um olympische Seligkeit wollt' ich,

Um Zeus unsterblich Leben, es nicht thun.

T S: Und 3.

99. T 290. S 383.

Und ich, zehn Toden reicht' ich meine Brust.

T: Todten. S hat die richtige Lesart wieder hergestellt.

104. T 292. S 386.

Ich, solcher Gnad' Unwürd'g'? Ich Sünderin?

T S: Ich, solcher Gnad' unwerth?

Ueber solche Härten vgl. oben S. 13 zu Penthes. 34.

105. T 293. S 387.

Wer könnte dir die augenblickliche

Goldwage der Empfindung so betrügen?

S: konnte. Vielleicht nur verdruckt.
109. T 295. S 389.
Kann dein Gefühl, an seinem Nest gewöhnt,
Zu solchem Fluge wohl die Schwingen wagen?
 S: nur an sein Nest gewöhnt. Vgl. die Anmerkungen S's. Allerdings ist Kleist's Construction tadelhaft, aber sie zu ändern hat kein Herausgeber das Recht. Vgl. zu Schroffenst. 61.
109. T 295. S 389.
 Ich brauche Züge nun, um ihn zu denken.
 S: Ich brauche Züge, um ihn mir zu denken.
113. T 297. S 392.
Ihm deine Brust verweigern, wenn sein Haupt,
Das weltenordnende, sie sucht,
Auf seinen Flaumen auszuruhen.
 S: Auf ihren Flaumen. Mit Recht; seinen ist Schreib= oder Druckfehler. Bei T war noch ein Druckfehler dazugekommen: Auf seinen Flammen.
117. T 298. S 394.
Und dennoch könnt'st du leicht den Gott in Armen halten,
Im Wahn, es sei Amphitryon.
 T S: Und dennoch könnt'st du leicht, im Wahn, es sei Amphitryon, den Gott in Armen halten.
 Aber, wie schon bemerkt, zu kurze und zu lange Verse sind im Amphitryon nicht selten.
122. T 301. S 397.
Sosias. Doch ich muß eilen.
     Charis. Ja, was ich sagen wollte.
 T S: wollt'.
123. T 301. S 398.
Charis. Nun was — Was ist geschehen denn?
     Sosias. Was geschehn ist?

T S: Charis. Was ist geschehen denn?
Sosias. Was geschehen?
127. T 303. S 400.
— Jeder hat mir Glückwunsch
Für das erfochtne Treffen abzustatten.
T S: Glückwünsch'.
128. T 303. S 400.
Doch daß man einem Mann Gestalt und Art
Entwendet, und bei seiner Frau für voll bezahlt.
S: zahlt.
130. T 304. S 402.
Der solchen Lärm verführt, und so mir spricht.
T S: so zu mir spricht. Aber Kleist liebt es den bloßen
Dativ zu gebrauchen, wo man gewöhnlicher irgend eine Präposition anwendet. Z. B. Penth. T 123, S. 167: Was wollen
diese Amazonen uns? T 128, S 172: und niemand kann, was
sie uns will, ergründen; T 144, S 194: ob sie uns was
wollen? T 228, S 301: Was willst du mir? T 230, S 305:
Diana ist dir zufrieden. T 144, S 194: Was mir die göttliche begehrt, das weiß ich. Käthch. T 115, S 137: Was wollt
ihr mir? T 186, S 230: Verliebt ja wie ein Käfer bist du
mir. T 191, S 238: Was, du bemühst dich mir? Homburg
T 284, S 353: er läßt den Spruch mitleidlos morgen dir vollstrecken; T 292, S 362: daß ihr in solcher Zahl euch ihm verwendet. Herrmannsschl. T 330, S 409: Was willst du mir?
T 333, S 412: Was wollt er dir? T 362, S 449: Nun,
was auch willst du mir? Vgl. auch unten S. 54 und 62.
140. T 308. S 408.
Halt't euch, ihr Herrn, wenn ihr so gut sein wollt.
S: Halt't ihn (d. h. den Amphitryon). Aber Kleist meint
Haltet euch, d. h. weicht nicht, laßt nicht ab mich zu schützen.

144. T 310. S 410.
Was seh ich? Himmel! Zwei Amphitryonen.
S: Amphitryon. Weiter unten 154, T 315, S 417 steht: während jene beiden eifersücht'gen Amphitryonen sich die Hälse brechen, wo S Amphitryonen unangefochten gelassen hat.
167. T 321. S 425. — Vom aufgetragnen Essen
Nicht den Geruch auch hat man mir gegönnt.
T S: vergönnt.
167. T 321. S 425.
Das andre Ich, das andre Ihr Bedienter.
S: des andern Ihr. Vgl. Grenzboten a. a. O. S. 433. Mit Recht.
176. T 326. S 430.
Verflucht die Sinne, die so gröblichem
Betrug erliegen.
T S: erlagen. Erliegen ist ganz richtig; es ist nicht der einzelne Fall, daß sie erlagen, gemeint, sondern die allgemeine Möglichkeit des Erliegens. Auch das giebt des folgenden Verses spricht für das Präsens.
176. T 326. S 430.
— O verflucht der Busen,
Der solche falschen Töne giebt.
T S: falsche. Vgl. oben S. 6 zu Schroffenst. 154 und Vernaleken deutsche Syntax I, 248.
177. T 326. S 431.
Dein wartet ein Triumph, wie er in Theben
Noch keiner Fürstentochter ist geworden.
Und einen Augenblick verweilst du noch.
S: Nur einen Augenblick.
178. T 327. S 432.
Läs' ich mit Blitzen in Nacht Geschriebnes.

S: in die Nacht. Wol mit Recht. Man vergleiche die auch dem folgenden ähnliche Stelle der Penthesilea T 238, S 315: und stünds mit Blitzen in die Nacht geschrieben. S. Grenzb. a. a. O. S. 433.
178. T 327. S 432.
Jetzt einen Eid selbst auf den Altar schwör' ich.
T S: dem. Vgl. oben S. 39.
178. T 327. S 432.
Und wer bist du, furchtbarer Geist?
S: Gast. In den Anmerkungen sagt S: 'Geist fiele doch gar zu sehr aus dem Costüm', bedenkt aber nicht, daß schon im vorhergehenden Auftritt, T 319, S 423 Amphitryon seinen Doppelgänger einen lügnerischen Höllengeist genannt hat.

Der zerbrochne Krug.

Originalausgabe: **Der zerbrochne Krug**, ein Lustspiel, von Heinrich von Kleist. Berlin. In der Realschulbuchhandlung. 1811. 8°.

Hie und da abweichende Fragmente aus dem 1sten, 6ten (im Phöbus als 4ten bezeichneten) und 7ten (im Phöbus 5ten) Auftritte waren schon im Märzhefte des Phöbus gedruckt, nachdem das Lustspiel, wie es dort in einer Anmerkung heißt, eben [2. März 1808] auf der Bühne in Weimar verunglückt war.
19. T 10. S 16.
Der Herr Gerichtsrath wär sehr angenehm.
T S: wäre.

46. T 25. S 38.
Was ich befehl'? Ich sagte deutlich euch.
T S: sage. Wol nur verdruckt.
48. T 26. S 40.
Adam. Klägere trete vor.
          Marthe. Hier, Herr Dorfrichter!
T S: Kläger. Klägere steht auch im Phöbus. Gewis hat Kleist diese Form, als altertümlich klingend, mit Fleiß gewählt.
55. T 30. S 46.
Hier im Gefolge stützt sich Philibert,
Für den den Stoß der Kaiser aufgefangen,
Noch auf das Schwerdt: doch jetzo müßt' er fallen,
So gut wie Maximilian ....
Die Schwerdter unten jetzt sind weggeschlagen.
S: mußt'. Vielleicht nur Druckfehler, jedenfalls falsch.
56. T 30. S 46.
          Den Krug erbeutete sich Childerich.
Bei T S fehlt sich.
59. T 32. S 49.
Nun diesen Krug jetzt seht — den Krug,
Zertrümmert einen Krug noch werth, den Krug,
Für eines Fräuleins Mund, die Lippe selbst
Nicht der Frau Erbstatthalterin zu schlecht ...
Den Krug ... hat jener Schlingel mir zerbrochen.
 S läßt jetzt weg, was allerdings keinen rechten Sinn gibt. Es muß gelesen werden seht, wie sich aus dem Phöbus ergibt, wo die Stelle so lautet:
— Nun diesen Krug jetzt seht,
Den Krug, zertrümmert einen Krug noch werth,
Den Krug, für eines Fräuleins Mund, die Lippe
Nicht der Frau Erbstatthalterin zu schlecht.

61. T 34. S 51.
    Aufs Rad will ich ihn sehen.
T S: sehen. Aber auch im Phöbus steht sehen. Auf's Rad ihn sehen, d. h. auf's Rad gekommen oder dgl. sehen.

65. T 36. S 54.
    Ist's an die Jungfer jetzt schon auszusagen?
T S: an der. An die steht auch im Phöbus. Kleist hat sich wahrscheinlich gedacht: Ist's an die Jungfer jetzt schon gekommen auszusagen?

68. T 37. S 56.
— wo Alles von der Faust ihr ging,
Und ihr das Heu man flog, als wie gemauf't.
T S: so flog.

71. T 39. S 59.
Drauf geh' ich hin, und werf' den Schlingel herunter.
T S: 'runter.

72. T 40. S 59.
— Nun schießt,
Da ich Glock eilf das Pärchen hier begegne,
— Glock zehn Uhr zog ich immer ab — das Blatt mir.
T S: dem Pärchen. S: das Blut.

Das Pärchen begegnen ist allerdings tadelhaft, allein man findet doch drei Beispiele der Construction des Verbums begegnen mit dem Accusativ aus Schiller, Göthe und Hippel in Grimm's Wörterbuch I, 1283.

Blatt erklärt S in den Anmerkungen für einen offenbaren Druckfehler, wodurch er nur beweist, daß ihm die noch heute vielfach übliche Redensart 'mir schießt das Blatt', die in Grimm's Wörterbuch II, 75 durch zahlreiche Beispiele von Luther an bis herab auf Thümmel belegt ist, unbekannt ist. In Grimm's Wörterbuch fänden wir vielleicht auch unsere Stelle, wenn nicht im 2ten Bande bereits die Schmidt'sche Ausgabe benutzt wäre. Um ein Beispiel aus einem neueren Schriftsteller beizufügen, verweise ich auf J. v. Eichendorff's Uebersetzung des Grafen Lucanor von Don Manuel, Berlin 1843, S. 164: Als der Kaufmann das hörte und sich erinnerte, daß er seine Frau schwanger verlassen, schoß ihm plötzlich das Blatt, daß dies sein Sohn sein müste. (Im spanischen Original einfach: entendió que aquel era su fijo.)

74. T 41. S 61. War das der Leberecht?
T S: War das nicht Leberecht?

74. T 41. S 61.
Jetzt mit dem Stahl Eins pfundschwer über'n Detz ihm.
T S: Döz.

75. T 41. S 62.
Adam. Der Stiel!
Ruprecht. Der Stiel! Der war's nun aber nicht. Der Klinke umgekehrtes Ende war's.
Adam. Das umgekehrte Ende war's der Klinke!
Licht. So! So!
Ruprecht.. Doch auf dem Griffe lag ein Klumpen Blei, wie ein Degengriff, das muß ich sagen.

Bei T S folgen die Worte Licht's auf Ruprecht's Worte 'Der Stiel... Ende war's', vielleicht nur aus Versehen, da ein Grund für diese auch die Verse zerstörende Umstellung nicht zu ersehen ist.

77. T 42. S 64.
Was ist dir auch?
T S: doch? Vgl. über das auch in der Frage oben S. 13.

83. T 45. S 68.
Doch wenn ihr's heraus bekommt, bin ich ein Schuft.
S: 'raus.

86. T 47. S 71.
Sie wird euch schon auf meinen Namen kommen.
S: einen. Wol nur Druckfehler.
89. T 49. S 73.
Und wenn ich's gestern sagte, war's gelogen.
T S: erlogen.
89. T 49. S 74.
Schmeißt sie heraus dort, die verwünschte Vettel!
S: hinaus.
95. T 54. S 79.
Doch wenn ihr Frau Brigitte jetzo ruft,
Die ihm die Muhm' ist.
T S: Die feine Muhm' ist.
106. T 59. S 87.
Ihr habt zwo Wunden.
S: zwei. In der Penthesilea T 164, S 218 hat S zween Donnerkeile, die er dort consequent auch corrigieren muste, durchschlüpfen lassen.
121. T 67. S 99.
Mein Sohn, sag' ich, wenn du so gut willt sein.
S: willst. Ebenso hat S im Käthchen T 104, 116, S 124, 136 willt in willst geändert.
123. T 68. S 100.
Ich sprech' ein Gott sei bei uns aus, und drehe Entsetzensvoll mich um.
Bei T fehlt aus, wol nur aus Versehen; S folgt ihm und schreibt noch, um dem Vers zu helfen, spreche.
123. T 69. S 101.
Ihn aber, ihn denunciirt man nicht.
S: Ihn aber denuncirt man nicht.

127. T 71. S 104.
Wie scheu ein Hund etwa zur Seite weicht,
Wenn sich die Katze prustend vor ihm setzt.
S: ihn.

Unter der Ueberschrift **Variant** folgt in der Originalausgabe am Schlusse des Lustspiels eine zweite Bearbeitung des 12ten Auftritts. T läßt sie dem Stück ebenfalls gleich folgen, während S sie in die Anmerkungen des 3ten Bandes verwiesen hat. Auch bei dieser Variante haben sich T und S einiger unnötigen Nachbesserungen nicht enthalten können.

146. T 82. S 390. Komm, sei nur gut.
T S: sei mir gut.
147. T 82. S 390.
So wird sie, wie der Krug zerbrochen worden,
Umständlich nach den Hergang uns berichten.
T S: noch. Es wird vielmehr heißen müssen: nach dem Hergang.
151. T 84. S 393.
Ich glaubte fast, du weißt, daß es dir steht.
T S: glaube. Mit Recht.
153. T 86. S 394.
Was sieht er so bedenklich? Sag' er's heraus.
T: h'raus. S: 'raus.
158. T 89. S 398.
Und ungewiß, wann ich zurücke kehre.
S: ob ich. Wann ist hier allein richtig.
166. T 94. S 403.
Und alle schrein: der Schändliche! der Lügner!
T S: schrie'n. Aber es gehen Präsentia vorher.

168. T 94. S 404.
> Doch Mutter, da ich in das Zimmer trete,
> Die hält den Krug schon wieder.

T S schließen Mutter in Kommata ein, als wäre es der Vocativ. Es ist vielmehr der Subjectsnominativ ohne den Artikel, wie im Käthchen T 213, S 264: ein reiches Schmuckgewand, das Mutter schon für dich zu recht gelegt. Vgl. auch Schroffenst. T 95, S 129: Ich hab' mit Muttern kürzlich ihn gefunden.

Käthchen von Heilbronn.

Originalausgabe: **Das Käthchen von Heilbronn oder die Feuerprobe** ein großes historisches Ritterschauspiel von Heinrich von Kleist. Aufgeführt auf dem Theater an der Wien den 17. 18. und 19. März 1810. Berlin, in der Realschulbuchhandlung, 1810. 8°. (Auf der letzten Seite sind zwei Druckfehler verbessert.)

Die beiden ersten Akte, nicht, wie Schmidt III, 409 sagt, die drei ersten, waren bereits, aber mit bedeutenden Abweichungen im April- und Maihefte und im September- und Octoberhefte des Phöbus gedruckt.

8. T 103. S 123.
> Unsrer sind dreizehn und der vierzehnte ist der Teufel!

T S: unser. Auch im Phöbus: unsrer.

Vgl. Guiskard T 302, S 322: sie wünschte unsrer los zu sein. Verl. in S. Domingo T 184, S 189: um unserer los zu werden. Cäcilie T 252, S 257: statt unsrer. Ueberall hat S unser corrigirt, welches allerdings die richtigere Form ist.

9. T 103. S 123.

Ein Wesen von zarterer, frommerer und lieberer Art müßt ihr euch nicht denken.

S: mögt.

9. T 104. S 124.

Der ganze Markt, auf dem wir wohnten, erschien an ihrem Namenstage, und bebrängte sich und wetteiferte, sie zu beschenken.

S: brängte. Vgl. aber Kohlhaas T 87, S 92: da die Leute sich des Schauspiels wegen sehr bebrängten, wo S consequent auch hätte ändern müssen.

10. T 104. S 124. Katharine, willst du ihn?

S: willst. Vgl. oben S. 47 zum zerbr. Krug 121.

11. T 104. S 124.

— und klagte auf alle, mir unbegreiflichen, Gräuel der Hölle.

T S: unbegreifliche. Phöbus: unverständlichen.

12. T 106. S 126. nöthig' ihn auf einen Sessel.

T S: nöthige. Phöbus: nöth'g'.

16. T 107. S 128.

— geführt am Strahl seines Angesichts, fünfbräthig, wie einen Tau, um ihre Seele gelegt.

S: vom Strahl. Wol verdruckt, jedenfalls falsch.

T: einem Tau. S: ein Tau. T's Aenderung ist falsch, da der Accusativ stehen muß. Aber auch S's Aenderung ist unnötig, denn, da auch' im Phöbus einen steht, so scheint Kleist Tau als Masculinum betrachtet zu haben.

19. T 110. S 131.

Das Käthchen sei bei mir; ich hütete seiner; in kurzem könne er es ... abholen.

T S: könnte. könne schon im Phöbus.

25. T 113. S 134.

Käthchen. Sie rufen mich.

Wenzel. Nun, ja!

Hans. Was sagte sie?

T S: sagt.

29. T 115. S 137.

Käthchen (in Staub niederfallend).

S: in den Staub. Allerdings hat so auch der Phöbus. Einige Seiten weiter unten 41, T 122. S 147: im Staub... niedersank. Meist sagt aber Kleist in Staub, z. B. Amphitr. T 302, S 399: sieh mich in Staub. T 323, S 428: in Staub treten. T 328, S 434: in Staub! in Staub das Antlitz hin! Homburg T 285, S 353: in Staub bohren. T 264, S 328: in Staub treten. T 263, S 326: sein Blut in Staub sprützen. T 306, S 379: in Staub mit allen Feinden! Käthchen T 112, S 134: das Angesicht in Staub neigen. Herrmannsschl. T 349, S 432: in Staub gelegt. T 372, S 462: in Staub geworfen. T 413, S 514 in Staub fallen. Selten in den Staub, z. B. Homburg T 261, S 324 in den Staub sie niedertreten. Herrmannsschl. T 345, S 426: in den Staub knieen. (T S: dem Staub.) T 391, S 486: mich in den Staub zu werfen. Im Staub: Amphitr. T 328, S 434: Anbetung dir im Staub! Vgl. auch unten die Bemerkung zum Prinzen von Homburg 42.

30. T 116. S 138.

Willt den geheimsten der Gedanken mir ...

Das ganze Herz, o Herr, dir, willt du es ...

4*

S: willt. Im ersten Verse hat auch der Phöbus willt, im zweiten aber willst. Vgl. oben zu 10.
41. T 122. S 148.
— draußen am zerfallnen Mauernring.
T S: Mauerring. Im Phöbus: Mauernring. In der Scenenbeschreibung vor dem 2ten Auftritt des 4ten Aktes findet sich auch Mauernring und hier haben T S nicht geändert.
49. T 128. S 154.
Von jeder frommen Jugend strahlender.
S: Tugend. Mit Recht. Jugend ist nur verdruckt und schon im Phöbus steht richtig Tugend.
50. T 128. S 154.
S hat das letzte Wort des ersten Auftritts: Gottschalk! was auch im Phöbus steht, weggelassen.
52. T 129. S 156.
— jener drei Städtlein und siebzehn Dörfer und Vorwerker.
T S: Vorwerke. Auch im Phöbus steht Vorwerker, eine Form der gewöhnlichen Sprache.
53. T 130. S 156.
Kleopatra fand Einen, und als der sich den Kopf zerschellt hatte, schauten die Anderen.
T S: scheuten. Aber auch im Phöbus steht schauten, und da dies einen ganz guten Sinn gibt, so scheint mir eine Aenderung nicht geboten.
64. T 136. S 164.
Der Mensch ist, nach Platon, ein zweibeinigtes, ungefiedertes Thier.
S: zweibeiniges. Zweibeinigtes hat aber auch der Phöbus. Vgl. Verlobung in S. Domingo T 179, S 184: eine regnigte Nacht. Politische Schriften, herausgegeben von

Köpfe 105: durch den steinigen, hügligten Wald. Siehe auch in Grimm's Wörterbuch dreibeinig und dreibeinigt.

67. T 138. S 167.
Was säumst du? Was machst du?
Bei S fehlt Was machst du?

67. T 138. S 167.
Wohlan! Ich will's dem Vater sagen. — Schaut was ich thue, und ob ich in die Hütte gehe, oder nicht?
S: Will's dem Vater sagen. — Harrt einen Augenblick und schaut was ich thue.

73. T 141. S 171.
Georg, der über den Burggrafen beschäftigt ist.
Man lese über dem. Im Phöbus steht: der über ihm beschäftigt ist.

81. T 146. S 178.
Der Arzt.. rief ihm ängstlich seinen Namen ins Ohr; reizt' ihn, um ihn zu erwecken, mit Gerüchen; reizt' ihn mit Stiften und Nadeln, riß ihm ein Haar aus.
T S: ritzt' ihn mit Stiften. Vielleicht mit Recht. Doch vgl. Schroffenst. T 37, S 48: in die Brust schneid' ich mir eine Wunde, die reiz' ich stets mit Nadeln.

88. T 150. S 183. — in immer glühender Erinnerung deff, was jüngst für mich geschehn.
T S: Erinnrung dessen, was für mich geschehn.
Im Phöbus steht: Erinnrung deff, was jüngst für mich geschehen.
T scheint hier an deff Anstoß genommen zu haben, obwol er an andern Stellen es nicht angefochten hat, z. B. Prinz v. H. T 254, S 314: einen Wunsch, deff' ich mich auf der Reis' entlasten will. T 261, S 324: Deff' bist du so gewiß? T 301,

S 373: deff' zum Zeichen. Die Schreibungen deff, deß, deff', deß' sind übrigens unrichtig, es muß des heißen, vgl. Grimm's Wb. II, 955 ff.

94. T 154. S 188.
Doch hast wohl Gott, Käthchen, nichts von der Reise anvertraut.
S: Doch hast du wohl.

96. T 155. S 189.
— und deine Stirne ist voll Schweiß.
T S: Stirn.

112. T 164. S 201.
— Was ist dies für ein Brief? Wo kommt er her? Und was enthält er mir?
T S: und was enthält er denn?
Das mir ist ächt Kleistisch, der diesen, bekanntlich in der griechischen Grammatik sogenannten dativus ethicus liebt. Z. B. Penthesilea T 153, S 205: der seiner Locken eine mir berührt, T 168, S 222: Verflucht mir diese schnöde Ungedulb! T 186, S 248: hinaus mir, und noch öfter in derselben Rede Penthesilea's. Amphitryon T 281, S 371: Nichts also nennst du, nichts mir das Verfahren, das du dir schamlos gegen mich erlaubt? Käthchen T 116, S 139: Du lügst mir, Jungfrau? T 211, S 262: Was bedeutet mir —? Guiskard T 299, S 319: Was soll's mit Weibern mir und Kindern hier? T 299, S 320: Daß keiner einen Laut mir wagt! Vgl. oben S. 41. Mancher der dort aufgeführten Dative kann auch als ethicus gefaßt werden.

119. T 168. S 207. So nimm die Schärpe.
S: Schürze. Mit Recht, denn so ist auch im Druckfehlerverzeichnis der Originalausgabe geändert, was T übersehen hatte.

121. T 169. S 208.
Getümmel und Glockenklang draußen.

T S: und Glocken stürmen draußen.
124. T 171. S 210.
 Du bringst dich schon wieder auf.
 S: drängst. Aber sich aufbringen ist ebenso richtig als sich aufdrängen.
125. T 172. S 211.
 Wo ist Fräulein Kunigunde, eure Nichte?
 T S: das Fräulein.
129. T 174. S 214.
 Die Treppe war noch unberührt vom Strahl.
 T S: vom Brand.
130. T 175. S 215. Der Schlüssel..
 Hängt, jetzt erinnr' ich mich's, am Stift des
   Spiegels.
 T S: mich.
130. T 175. S 215. — Ich wollte,
Er hätte nie gelebt, der mich gezeichnet,
Und er, der mich gemacht hat, obenein!
 T S: Und er, der mich erzeugt hat, obenein!
133. T 177. S 218.
Käthchen (sowie sie aus dem Portal ist, kehrt sie sich —)
 T S: wendet sie sich.
 Am Schlusse des Auftritts hat S (Pause) weggelassen.
134. T 177. S 219.
Graf vom Strahl (mit abgewandtem Gesicht).
 T: abgewendtem. S: abgewendetem.
— Laßt mich sein!
 T S: Laßt mich! Fort! Vgl. oben S. 28 zu Penth. 157.
141. T 181. S 224.
Ein Knecht (aus seinem Troß).

S: aus dem Troß.
142. T 182. S 224.
Ja, was lärmst und schreist du?
T S: Je. Allerdings auf den folgenden Seiten: Je, was der Teufel! Je, verflucht! und im 2ten Auftritt Je, laß es stehn! Je, freilich.
143. T 182. S 225.
Gottschalk (hilft das Käthchen in den Steigbügel.)
S: die Steigbügel.
156. T 189. S 235.
Und flüstertest, mein hochverehrter Herr!
Nach flüstertest muß ein Kolon stehen.
162. T 193. S 240.
Rosalie. In der Grotte? Unmöglich!
Eleonore. Wahrhaftig! In der Nebenkammern eine, die . . .
Man lese einer.
163. T 193. S 241.
Was giebt's? Sag an! — Du bleichst?
T S: Was giebt's? Sprich! — Du erbleichst?
Ebenso heißt es im Prinzen von Homburg 35, T 246, S 304: Sie bleicht, sie fällt, aber T S haben geändert: Sie erbleicht, sie fällt.
172. T 199. S 247.
Daß sie des Kaisers Bänkeltochter sei.
T S: Bankerttochter. Grimm hat aus der Originalausgabe Bänkeltochter in's Wörterbuch aufgenommen.
176. T 202. S 251.
So werb' ich . . . den Theobald . . . bewegen müssen, daß er mir dies Kind abtrete, und sie mit ihm verheirathen müssen: will ich nicht wagen, daß der The-

rub zum zweitenmal zur Erde steige und das ganze
Geheimniß, das ich hier den vier Wänden anvertraut,
ausbringe.

Bei T S fehlt das erste müssen, statt will ich nicht wagen steht: sonst habe ich zu fürchten, und statt ausbringe: verkündige.

181. T 205. S 254. — scheusel'ge Bosheit
Hab ich für die milde Herrlichkeit erstanden.
    T S: scheußliche Bosheit ... für milde H.

185. T 208. S 258.
Käthchen .. den Kopf an die Wand gelehnt.
    T S: gelegt.

192. T 212. S 263.
Was soll ich auch von dieser Rede denken?
    T S: Was soll ich nur. Vgl. über das auch oben S. 13.

193. T 213. S 264.
Nun sann ich mir ein Fest aus, süßes Mädchen,
Zu welchen du die Göttin spielen sollst.
    T S: Bei welchem.
    Es muß natürlich Zu welchem gelesen werden.

193. T 213. S 264.
Jedoch recht schön; hörst du? Still, aber prächtig!
    T S: Schlicht, aber prächtig!

Prinz Friedrich von Homburg.

Zum erstenmal in den hinterlassenen Schriften S. 1 ff. gedruckt.

7. T 222. S 276.
    Hier rasch herein, mein Fürst!
T S: hinein.
9. T 224. S 277.
    Warum er hier sich schlafen hat gelegt.
T S: sich hier.
10. T 225. S 278.
        Prinz von Homburg.
          Gleich! Gleich! —
He, Franz! der Schurke, der mich wecken sollte —
  Hohenzollern (betrachtet ihn).
Er ist ganz rasend toll!
        Prinz von Homburg.
          Bei meinem Eid!
Ich weiß nicht, liebster Heinrich, wo ich bin.

Bei T S sind die Worte 'Er ist ganz rasend toll!' den Worten Homburg's beigefügt worden und Hohenzollern sagt gar nichts. Wol nur ein Versehen von T, das S bemerken muste.

15. T 229. S 283.
— die jüngst in unser Lager eingetroffen.
T S: in unserm.

15. T 229. S 284.
— und eh' die Schlacht beginnt,
Wünsch' ich mich noch ein wenig auszuruhn.
T S: Wünsch' ich erst noch ein wenig auszuruhn.

25. T 238. S 294.
Die Ueberschrift Sechster Auftritt über dem kurzen Monolog des Prinzen fehlt bei T S. In den Worten des Prinzen:
Nun denn, auf deiner Kugel, Ungeheures,
Du, der den Windeshauch den Schleier heut,
Gleich einem Segel, lüftet, roll' heran!
hat S mit Recht corrigirt:
Du, dem der Windeshauch.
28. T 240. S 297. Ich — war in der Kapelle,
Die aus des Dörfchens stillen Büschen blinkte.
T S: blinkt.
33. T 244. S 303.
Hier ist der deinige, zusammt der Scheide!
(er reißt ihm das Schwerdt sammt dem Gürtel ab.)
Die in Parenthesen eingeschlossenen Worte fehlen bei T S.
35. T 246. S 304.
     Natalie.
O meine Mutter!
    Die Hofdamen.
  Gott! Sie bleicht! Sie fällt!
T S:
    Natalie.
Meine Mutter!
    Die Hofdamen.
   Gott! Sie erbleicht! Sie fällt!
Vgl. oben S. 56 zu Käthchen 163.
36. T 247. S 305.
Mörner (tritt geführt, von den beiden Reitern, vor ihr.)
T S: vor sie. Vgl. oben S. 3 zu Schroffenst. 61.
39. T 249. S 308.
Der Kurfürst wollte, eh' das Jahr noch wechselt,

Befreit die Marken sehn; wohlan! ich will der
Vollstrecker solchen letzten Willens sein!

T S lassen der vor Vollstrecker weg. Es schließt aber
nicht selten bei Kleist ein Vers mit dem bestimmten oder unbestimm-
ten Artikel, z. B. Schroffenstein T 10, 55, 101, S 12, 74, 138.
Penth. T 127, 151, 184, 187, 202, S 172, 202, 245, 248, 269.
Amphitryon T 255, 258, S 336, 340. Krug T 7, 50, S 11,
74. Käthch. T 139, S 168. Herrmannsschl. T 330, S 409.

42. T 251. S 311. Sah ich . . . . .
Ihn nicht, zerschmettert von Kanonenkugeln,
In Staub sammt seinem Schimmel niederstürzen?

T S: Zu Boden sammt dem Schimmel.

Oben T 247, S 306 lasen wir: Roß und Reiter in Staub
vor unsern Augen niedersinkt, und auf der folgenden Seite lesen
wir: In Staub sinkt er. Vgl. oben S. 51 zu Käthchen 29.

42. T 251. S 311.
Doch wer ihn ritt, mein Prinz, war nicht der Herr.

S: Doch der ihn.

44. T 253. S 314.
Leicht, daß der Frieden selbst erfolgen kann.

T S: Leicht möglich, daß der Frieden selbst erfolgt. •

47. T 255. S 317.
Und will, daß dem Gesetz Gehorsam sei.

T S: gehorchet werde.

Ein Paar Seiten weiter (T 258, S 320) heißt es: der
Satzung soll Gehorsam sein, wo T S nicht geändert haben.

48. T 256. S 317.

Der Kurfürst.

Wo kommt ihr her, Prinz?

Der Prinz von Homburg.

Von Fehrbellin, mein Kurfürst.

T S: Wo kommt ihr her?
Von Fehrbellin, mein Fürst.
49. T 257. S 318.
Kottwitz.
Bei Gott, ich bin aufs Aeußerste —!
Der Kurfürst.
Was sagst du? —
Bei T S fehlen die Worte Was sagst du?
51. T 258. S 321.
Bei Gott, in mir nicht findet er den Sohn,
Der, unterm Beil des Henkers, ihn bewundre.
T S: bewundert.
57. T 263. S 327.
Du hörst, ich weiß von Allem.
S: ist weiß. Druckfehler!
58. T 264. S 328.
— Eine That,
Die . . . . die gesammte
Altrömische Thrannenreiche, schuldlos,
Wie Kinder, die am Mutterbusen sterben,
Auf Gottes rechter Seit' hinüberwirft.
S: Thrannenreihe . . . rechte Seit'. Mit Recht.
59. T 265. S 330.
Der Prinz von Homburg (wendet sich).
— He, Wache!
Bei T und S fehlt wendet sich.
er nimmt eilig einen Mantel um von der Wand.
T S haben um gestrichen.
63. T 268. S 333.
Und der die Zukunft, auf des Lebens Gipfel,
Heut, wie ein Feenreich, noch überschaut,

Liegt in zwei engen Brettern duftend morgen,
Und ein Gestein sagt dir von ihm: er war!
   T S: leblos. Eine gewaltsame Aenderung für das allerdings sehr eigentümliche duftend.
   63. T 268. S 334.
Und frage nichts mehr, ob es rühmlich sei.
   S: nicht.
   64. T 269. S 334.
Dir übergab zu Homburg, als sie starb,
Die Hedwig mich.
   T S: Frau Hedwig.
Er soll mir sein, als hätt' ich ihn erzeugt.
Nun, jetzt erinnr' ich dich an solch' ein Wort!
Geh' hin, als hätt'st du mich erzeugt, und sprich.
   T S: Er soll mir sein, als hätt' ich ihn geboren.
Auch Schiller läßt in der Braut von Messina die Isabella sagen:
    Er ist mein Sohn nicht, einen Basilisken
    Hab ich erzeugt, genährt an meiner Brust,
und Maler Müller I, 306 sagt: wo kann eine Mutter sein, die ihr erzeugtes Kind nicht liebt? Vgl. Grimm's Wb. III, 1087. Luther gebraucht das einfache zeugen auch zuweilen von Frauen, z. B. Hohes1ied 8, 5: da mit dir gelegen ist, die dich gezeuget hat, 1 Timoth. 5, 14: so will ich nun, daß die jungen Wittwen freien, Kinder zeugen.
   65. T 270. S 336.
Es (das Grab) ist nichts finsterer und um nichts breiter,
Als es dir tausendmal die Schlacht gezeigt.
   S: nicht finsterer.
Inzwischen werb' ich in dem Tod bir treu
Ein rettend Wort für dich dem Oheim wagen.
   T S: beim Oheim. In der Penthesilea T 157, S 209:

Wollt ihr das Wort nicht freundlich ihnen wagen? Vgl. oben
S. 41.

68. T 273. S 338.

Kurfürst. Nun? Verbrach er nichts?

Natalie. O dieser Fehltritt, blond mit blauen Augen,
Den, eh' er noch gestammelt hat: ich bitte!
Verzeihung schon vom Boden heben sollte:
Den wirst du nicht mit Füßen von dir weisen!

T S: O diesen Fehltritt. Dieser braucht nicht durchaus Druckfehler zu sein, da bei der Interjection O auch der Nominativ stehen kann.

71. T 275. S 341.

Kurfürst. Du sprachst ihn?

Natalie. In den Gemächern eben jetzt der Tante,
Wohin, im Mantel, schau, und Federhut,
Er unterm Schutz der Dämm'rung kam geschlichen,
Verstört und schüchtern, heimlich, ganz unwürdig.

S: scheu. Aber Kleist würde scheu nicht so zwischen im Mantel und Federhut gestellt und nicht eine Zeile weiter den Prinzen auch schüchtern genannt haben.

— So ganz
Unheldenmüthig träfe mich der Tod
In eines scheußlichen Leun Gestalt nicht an!

T S: grimmen Leun.

71. T 275. S 342.

Ich will sogleich das Nöth'g' an ihn erlassen.

T S: das Nöthige erlassen.

Vgl. oben S. 13 zu Penthes. 34.

76. T 280. S 347.
Heiduck. Der Wagen . . .
              Steht angeschirrt im Hof und wartet eur!
Natalie. So fahrt ihn vor!
  T S: So fahrt nur vor!
  82. T 284. S 353. — Und läßt
Den Spruch mitleidlos morgen dir vollstrecken.
  T S: mitleidslos. Vgl. oben S. 2.
  94. T 294. S 364.
Der ärmste Geist, der, in den Sternen fremd,
Zuerst solch' eine Lehre gab!
  S: Der arme Geist.
  95. T 295. S 366.
— 'Beweis, daß Kurfürst Friedrich
Des Prinzen That selbst' ——— Nun, beim Himmel!
Das nenn ich keck!
Was! Die Veranlassung, du wälzest sie des Frevels . . .
  T S: — 'Beweis, daß Kurfürst Friedrich
Des angeklagten Prinzen That selbst hat' ———
Beim höchsten Gott! Das nenn' ich keck! Was! Die . . .
  96. T 295. S 367.
Nahmst ihm den Kranz hinweg, die Kette schlugst du,
Die dir vom Hals hängt, lächelnd um das Laub.
  T S: die Kette schlangst du. Aber im ersten Akt T 227,
S 281 heißt es: und schlägt . . . den Schmuck darum, der
ihm vom Nacken hängt, wo T S keinen Anstoß genommen.
  96. T 296. S 367.
Nichts Rührendes fürwahr kannst du dir denken!
  T: Nichts Rührenders. Mit Recht. S: Nicht Rührenders. Vielleicht nur aus Versehen.
  102. T 301. S 374. — Segen,

Den von dem Thron der Wolken Seraphin'
Auf Heldenhäupter jauchzend niederschütten.
T S: Seraphim'. Mit Recht. Kleist hält Cherubim und Seraphim für den Singular und bildet daher die Plurale Cherubime und Seraphime. Vgl. Käthchen T 197, S 245: ein Cherubim, pol. Schriften, herausgeg. v. Köpke 97: von seinem Cherubime, Pr. v. Homb. T 264, S 328: nach Art der Cherubime.

105. T 304. S 377.
Durch stille Aetherräume schwingt mein Geist.
T S: schwebt.
Während T S hier an dem intransitiven schwingen Anstoß nehmen, haben sie glücklicherweise in der Herrmannsschlacht T 368, S 456: Meinst du, die ließen sich bewegen, auf meinem Flug' mir munter nachzuschwingen? dies nicht getan.

———•———

Die Herrmannsschlacht.

Zum erstenmal gedruckt in den hinterlassenen Schriften S. 109 ff.

Im Personenverzeichnis der ersten Ausgabe sind Fust, Gueltar und Aristan als Verbündete 'des Varus' genannt, in der Gesammtausgabe steht dafür 'der Römer.'

111. T 309. S 383.
Er wirft auch jetzt uns Deutsche in den Staub.
S: jetzt auch.

115. T 312. S 387.
Bei allen Helden des Homers!
S: des Homer. Vgl. oben S. 31 zu Penth. 163.
122. T 319. S 395.
Verknüpft mit niemand, als nur meinem Gott.
T S: als mit.
123. T 319. S 395.
Es gilt nur bloß noch jetzt, sie abzutreten.
S: Es gilt jetzt nur noch bloß.
123. T 320. S 396.
Es scheint, du hältst dies Volk des fruchtumblühten Latiens.
S: Latium.
138. T 332. S 411.
Thusnelda. Und nahmst mir —
Ventidius. Nichts, nichts, als diese Locke!
S: Nichts als diese Locke!
139. T 333. S 413.
Ei, Thuschen, was! So sind wir glückliche Geschöpfe.
Bei T S ist Ei zum Schaden des Verses weggelassen.
140. T 334. S 413.
Wenn irgend dir dein Weib was werth ist.
T S: ein Weib. Aber dein gebietet der Zusammenhang.
142. T 335. S 415.
Topp! Meine Hand drauf! In drei Tagen.
T S: dreien. So heißt es allerdings oben T 360, S 447 des Verses wegen, hier aber ist die Aenderung unnötig.
142. T 336. S 416.
Mein Fürst und Herr! es ist mein eigner Sohn!

Ich konnte keinen Schlechteren
Für diese wicht'ge Botschaft dir bestellen.
S: Ich durfte. Ganz unnötige Aenderung! Ich konnte, nemlich: nach meiner Gesinnung, wie ich zu dir stehe.
144. T 337. S 418. — am Ibus des Augusts.
146. T 339. S 420. — an dem Ibus des Augusts.
T S: August.
147. T 340. S 421.
Wohlan! In dem Vertraun itzt, das ich hege.
S: jetzt.
148. T 341. S 422.
Und Dolch und Kinder händ'g' ich gleich dir ein.
T S: händ'ge ich dir ein. Wegen händ'g' vgl. oben S. 13.
150. T 343. S 424.
Und das Gesetz der Dankbarkeit erfodert.
T S: Gebot.
S: erfordert. Aber Kleist braucht auch einmal in einem Gedichte T 337, S 375 fodert im Reim auf lodert.
152. T 345. S 426.
Zebs, ihrem Gräulgott, in den Staub zu knien.
T S: in dem Staub.
155. T 347. S 430.
Potz! Bei der großen Herthal Schau! — Hör, du!
T S lassen Potz weg.
156. T 348. S 431.
Sie scheeren dich so kahl wie eine Ratze.
S: Ratte. Vgl. oben T 333, S 413: die Scheitel ratzenkahl dir abzuscheeren, Penthes. T 220, S 291: ein Otter- oder Ratzenpaar, und im Schrecken im Bade T 323, S 359: seit ich die Ratz' erblickt! wo S Ratt' ändert.

5*

157. T 348. S 432. — Der wird doch
um meiner Haare nicht gekommen sein?
T S: meine.
161. T 351. S 435.

Herrmann. Soll ich um deiner gelben Haare
Mit Land und Leut in Kriegsgefahr mich stürzen?
Thusnelda. Um meiner Haare!
T S: deine. meine.
161. T 352. S 436.

Die Hand, die in den Mund mir käme,
Wie jener Frau, um meiner Zähne.
T S: meine.

In den drei vorstehenden Stellen hat T mit großem Unrecht den Genitiv nach um geändert. Kleist braucht nemlich gern um mit dem Genitiv für um — willen. So Familie Schroffenstein T 34, S 43: Ich danke dir mein Leben nur um dieser Kunde. Penthesilea T 199, S 265: um eines Wahns —? Käthchen T 172, S 212: Geschwind! Um aller Heiligen! Homburg T 264, S 328: Um eines Fehls .. in dem Demanten, den er jüngst empfing, in Staub den Geber treten. T 273, S 339: Dies Vaterland, das wird um dieser Regung deiner Gnade nicht gleich ... untergehn. T 281, S 348: als ich euch gefangen setzte, um eures Angriffs, allzufrüh vollbracht. T 294, S 364: Kurzsicht'ge Staatskunst, die um eines Falles ... zehn andere vergißt. T 294, S 365: Gesetzt, um dieses unberufnen Siegs brächst du dem Prinzen jetzt den Stab. Herrmannsschlacht T 338, S 419: Marbod, um seiner Macht und Edelmuths, der Thron am unzweideutigsten gebührt. T 379, S 470: Sein Haupt soll meinem Schwerdt um dieser schönen Regung heilig sein. T 379, S 471: Daß er .. um dieses

Briefs mit einem falschen Wahn sich schmeichele. T 396, S 492: Und rückst um eines nicht'gen Streits Marbod entgegen. Fabel von den beiden Tauben T 328, S 472: Viel Höflichkeit um dessen, der ihn sandte, wird ihm zu Theil. Alle diese Stellen haben T S nicht angerührt, nur an den drei oben stehenden der Herrmannsschlacht und an zwei Stellen im Kohlhaas, vgl. unten, ist von ihnen geändert worden. Kleist braucht natürlich auch sehr oft, besonders in den Erzählungen, um — willen. Ich erinnere mich nicht dieses um mit dem Genitiv bei neueren Schriftstellern gefunden zu haben. Einige male kömmt es in Luther's Bibel vor. Jeremias 25, 12: ich will den König zu Babel heimsuchen und alles dies Volk um ihrer Missethat (aber Psalm 94, 93: er wird sie um ihre Bosheit vertilgen). Matthäus 19, 3: Ist es auch recht, daß sich ein Mensch scheide von seinem Weibe um irgend einer Ursache? Apostelg. 19, 40: daß wir um dieser Empörung verklagt möchten werden. Vgl. Adelung's Wb.

168. T 358. S 144. Beschaun, nach des Augusts Gebot.
T S: August. An vielen anderen Stellen, z. B. T 311, 315, 316, S 385, 391, 392 haben sie Augusts stehen lassen.

169. T 358. S 444. — Ich theile bloß,
Was sich in dieser Brust prophetisch regt, dir mit,
Und Freunde mir aus Rom bestätigen.
T S: Was Freunde.

169. T 358. S 444.
Wahr ist's; Rom wird auf seinen sieben Hügeln
Vor diesen Horden nimmer sicher sein.
S: ist.

182. T 369. S 457.
Und einen Gräul, entsetzensvoll,
Wie den, läßt du auf Erden sich verüben!

T S: doch verüben. Ebenso sagt Kleist weiter unten T 414, S 515: In Waffen stehst du ganz Germanien sodern, den Gräul zu strafen, der sich ihr verübt, wo T S nicht geändert haben. Man vgl. über Kleist's Neigung das Reflexivum in passivem Sinne zu gebrauchen oben S. 18.

187. T 372. S 462.

Nichts, meine Freund'! ich komm' aus meinem Zelte.

T S: Nichts, Freunde, nichts! ich komm' aus meinem Zelt.

188. T 373. S 463.

Kommt, ihr Cherusker! Kommt, ihr Wodankinder!

T S: Wodanskinder. Vgl. oben S. 2.

189. T 374. S 464.

Wir zählen funfzehn Stämme der Germaner.

T S: Germanen.

189. T 374. S 465.

Bringt sie ins Haus, zerlegt in Stücken sie.

S: Stücke.

Ebenso hat S weiter unten T 388, S 482 wie Stücken Goldes geändert. Vgl. aber Schroffenstein T 67, S 92: als die Stücken des Herolds auf dem Hofe lagen. Amphitr. T 301, S 398: das Herz in Stücken fühl' ich mir zerspalten. Zweikampf T 274, S 279: als er die Stücken ihm ins Gesicht warf.

189. T 375. S 465.

Herrmann (tritt auf mit Schild und Spieß).

T S: Speer.

Ebenso sind im 8ten und 10ten Auftritt des 4ten Aktes und im 9ten des 5ten immer Schild und Spieß in Schild und Speer corrigiert.

190. T 375. T 465.

Herrmann. Was! So ist alles noch im Heer, wie sonst?

Septimius. Auf jeden Punkt; wie könnt' es anders?
S: konnt'.
193. T 378. S 469.
Thusnelda. So hätt' auch der Centurio,
Der bei dem Brande in Thuiskon jüngst
Die Heldenthat gethan, dir kein Gefühl entlockt?
Herrmann. Nein — Was für ein Centurio?
Thusnelda. Nicht? Nicht?
Der junge Held, der, mit Gefahr des Lebens,
Das Kind, auf seiner Mutter Ruf,
Dem Tod' der Flammen muthig jüngst entrissen? —
Er hätte kein Gefühl der Liebe dir entlockt?
Herrmann. Er sei verflucht, wenn er mir das gethan!
Er hat, auf einen Augenblick,
Mein Herz veruntreut, zum Verräther
An Deutschlands großer Sache mich gemacht!
Warum setzt' er Thuiskon mir in Brand?
Ich will die höhnische Dämonenbrut nicht lieben!
    S: Warum setzt' er Thuiskon nicht in Brand?

Eine Aenderung von Th. Gomperz, wie wir aus der Anmerkung erfahren. In den Grenzboten a. a. O. S. 434 ist die Aenderung folgendermaßen verteidigt:

'Warum setzt' er Thuiskon mir in Brand?
Der Centurio? Der setzte Thuiskon nicht in Brand, sondern half retten mit Gefahr seines Lebens; oder ist vielleicht pars pro toto, der eine für die vielen Römer zu nehmen? Es muß heißen:
Warum setzt' er Thuiskon nicht in Brand?
ein Gedanke, der für keinen Leser der Herrmannsschlacht einer Erklärung bedarf.' Aber der Centurio konnte recht gut Thuiskon anzünden, und dann doch beim Brande ein Kind auf das Jammern der Mutter retten. Der Sinn der letzten Worte Herrmann's

ift: Was geht mich die einzelne gute Tat des Menschen an, da er doch im allgemeinen als Feind gehandelt hat?
206. T 388. S 432.
Sind deine Worte so geprägt,
Daß du wie Stücken Goldes sie berechnest?
S: Stücke.
Vgl. oben zu 189.
209. T 391. S 485.
Fulvius Lepidus, der Legate Roms.
T S: der Legat von Rom. Ebenso unten T 409, S 508 Ventidius, der Legate Roms, wo T S nicht corrigiert haben.
209. T 391. S 485.
Ja noch jenseits des Weserstroms verlassen.
S: jenseit.
214. T 395. S 491.
Mein Fürst und Herr, eh' du das Wort ergreifst,
Vergönnst, auf einen Augenblick,
In deiner Gnade, du die Rede mir!
T S: Vergönn'.
235. T 412. S 512.
Komm her, fall' aus und triff — und verflucht sei ...
T S: — verflucht auch sei.
240. T 416. S 518.
Hier übergeb' ich, Oberster der Deutschen ...
Aristan, Fürsten dir der Ubier.
T S: Aristan dir, der Ubier Fürsten.
Vgl. oben S. 33 zu Amphitr. 22.

Fragment aus dem Trauerspiel:

Robert Guiskard,

Herzog der Normänner.

Zuerst gedruckt im April= und Maiheft des Phöbus, dann in den hinterlassenen Schriften S 243 ff. und hiernach im 3ten Bande der Gesammtausgaben.

Phöbus 7. Hinterlassene Schriften 248. T 302. S 322.
Es schien, sie wünschte unsrer los zu sein.
S: unser. Vgl. oben S. 49 zu Käthchen 8.
7. 249. T 30. S 323.

            Der Normann.
Armin!
            Der Greis.
Gott grüß' dich, Franz! Was giebt's?
            Der Normann.
                      Maria!
So nur im Ph. T S beginnen fälschlich mit Maria einen neuen Vers.

8. 249. T 303. S 324.
Nun, wie auch stets?
T: stehst. S: steht's; mit Recht.

8. 250. T 303. S 324.
In einen Mantel flüchtig eingehüllt.
T, aber erst in der Gesammtausgabe, und S: einem.

10. 252. T 305. S 326.
Und ich, vergäß ich redend ja, was ich
Dir schuldig.

S: je.
10. 252. T 305. S 327.
Verwegner als dein ungebändigtes
Gemüth.
T S: unbändiges.
10. 252. T 305. S 327.
— Und daß ich es
Dich lehren kann ...
T, aber erst in der Gesammtausgabe, und S: Dir. Vgl.
oben S. 8 zu Schroffenst. 237.
12. 254. T 307. S 329.
Und keinen Laut mehr feig' setz' ich hinzu.
T S: setz' ich feig'.
12. 255. T 308. S 329 (Anmerkung).
Diese Umstände liegen wenigstens hier zum Grunde.
T S: hier wenigstens.
15. 259. T 312. S 334.
— eh' (wird) die stolze Zinne
Vor seinem blassen Hembe sich verneigen.
S: bloßem. Vielleicht mit Recht.
16. 260. T 312. S 335.
— Dir, Heuchlerherz,
Deck' ich den Schleier jetzt von der Mißgestalt.
T S lassen jetzt weg.
18. 263. T 315. S 338.
Hier diesem alten Scheitel, wißt ihr selbst,
Hat seiner Haare keins noch wehgethan!
In T's Gesammtausgabe steht durch einen Druckfehler weg-
gethan. S aber, der weder den Phöbus noch die hinterlassenen
Schriften nachzuschlagen Lust gehabt zu haben scheint, macht nun
daraus die unsinnigen Verse:

Hier dieser alte Scheitel, wißt ihr selbst,
Hat seiner Haare keins noch weggethan!
19. 264. T 316. S 340.
Bring deine Sache vor, und laß es frei
Hinströmen, bange Worte lieb' ich nicht!
T S: lange Worte. Aber nicht lange Worte, sondern nur bange, ängstliche, zaghafte Worte bilden einen Gegensatz zur frei hinströmenden Rede. Allerdings sagt am Schlusse des Fragments der Greis von Guiskard: Und weil du denn die kurzen Worte liebst! Aber dies hat keinen Einfluß auf unsere Stelle.

Erzählungen.

Originalausgabe: **Erzählungen.** Von Heinrich von Kleist. — Michael Kohlhaas (aus einer alten Chronik). Die Marquise von O... Das Erdbeben in Chili. — Berlin, in der Realschulbuchhandlung, 1810. 8°. **Erzählungen.** Von Heinrich von Kleist. Zweiter Theil. — Die Verlobung in St. Domingo. Das Bettelweib von Locarno. Der Findling. Die heilige Cäcilie, oder die Gewalt der Musik. (Eine Legende). Der Zweikampf. — Berlin, in der Realschulbuchhandlung, 1811. 8°.

Michael Kohlhaas.

Der Anfang der Erzählung bis zum Zug nach der Tronkenburg war schon im Juniusheft des Phöbus gedruckt.

2. T 1. S 1.

Das Rechtgefühl aber machte ihn zum Räuber.
13. T 7. S 13: sein Rechtgefühl.
S: Rechtsgefühl.
Vgl. oben S 2.
7. T 4. S 10.
wenn er wieder mit seinen Gaulen durchzöge.
S: Gäulen.
Ebenso hat S S. 12, 13, 14, 25 Gäulen, Gäule, während die Originalausgabe, auch schon der Phöbus, Gaulen, Gaule haben, woran T nie geändert hat. Auch Uhland hat Gaule (sie steigen von den Gaulen, Döffinger Schlacht). Vgl. Kehrein's Gramm. der neuhochd. Sprache I, 78.
17. T 9. S 15.
... ein Gefühl sagte ihm, ... daß.. er mit seinen Kräften der Welt in der Pflicht verfallen sei, sich Genugthuung für die erlittene Kränkung, und Sicherheit für zukünftige seinen Mitbürgern zu verschaffen.
S: die Pflicht. Vielleicht unabsichtliche, jedenfalls falsche Aenderung.
21. T 11. S 17.
Um dieser Ungefälligkeit aber, sagte Kohlhaas, bist du von der Tronkenburg nicht weggejagt worden.
T S: um diese.
Vgl. über um mit dem Genitiv oben S. 68. Im Phöbus stand: Deshalb aber. Allerdings antwortet dann der Knecht in der Originalausgabe: Behüte Gott! um eine gottvergessene Missethat! Im Phöbus: Behüte Gott! um etwas noch weit schlimmeres!
31. T 16. S 22.
(wo er) eben beschäftigt war, aus einem beträchtlichen

Fonds, der der Stadt zugefallen war, mehrere .. Anstalten .. einzurichten.
T S lassen das zweite war weg.
32. T 17. S 23.
die Ungerechtigkeit, die man auf der Tronkenburg an ihm verübt hatte, und an deren Folgen Herse eben.. krank danieder lag.
T S lassen und weg.
37. T 19. S 25.
und mitten durch den Schmerz, die Welt in einer so ungeheuren Unordnung zu erblicken, zuckte die innerliche Zufriedenheit empor, seine eigne Brust nunmehr in Ordnung zu sehen.
T S: die innere Zufriedenheit.
37. T 20. S 25.
seine Besitzungen im Brandenburgischen und im Sächsischen.
T S: und Sächsischen.
38. T 20. T 26.
sein Haus in der Vorstadt in Dresden.
T S: von Dresden.
46. T 24. S 30.
Kohlhaas fragte, wie sie es denn anzustellen denke.
T S: gedenke.
53. T 28. S 33.
die im Gespräch unter dem Thor standen.
T S: im Gespräche unter der Thür.
54. T 28. S 33. und da er ... niemanden fand.
T S: niemand.
54. T 28. S 33.
Inzwischen war, vom Feuer der Baraken ergriffen,

nun schon das Schloß... angegangen, und während Sternbald mit drei geschäftigen Knechten Alles, was niet- und nagelfest war, zusammenschleppten.

S: was nicht niet- und nagelfest war. Kleist hat ohne Zweifel so schreiben wollen.

56. T 29. S 35.

wenige Momente, nachdem der Schuppen hinter ihm zusammenstürzte.

S: bevor der Schuppen. So hat wol Kleist schreiben wollen.

57. T 30. S 36.

denn es schien.. Kohlhaas nur zu wahrscheinlich, daß der Junker sich... in dieses Stift geflüchtet hatte.

T S: habe. Kleist braucht bald den Indicativ bald den Conjunctiv in derlei Zwischensätzen.

58. T 30. S 36.

er verfaßte ein Mandat, worin er das Land aufforderte, dem Junker... keinen Vorschub zu thun, vielmehr jeden Bewohner... verpflichtete, denselben.. auszuliefern.

T S: verpflichte. Wol nur verdruckt!

59. T 31. S 37. die trübsten Ahnungen.

T S: Ahndungen.

62. T 32. S 38.

ein plötzlich fruchtbarer Regenguß, der die Fackeln verlöschend auf das Pflaster des Platzes niederrauschte, löste den Schmerz in seiner unglücklichen Brust.

T S: furchtbarer. Wol mit Recht.

63. T 33. S 38.

unter Angelobung eines Handgelds und anderer kriegerischen Vortheile.

T S: kriegerischer. Vgl. weiter unten T 61, S 66. Aber T 59, S 64: 'in Begleitung einiger aus dem Hause zusammengerafften Knechte' haben sie nicht geändert.

63. T 33. S 39.

In einem anderen Mandat, das bald darauf erschien, nannte er sich...

Bei T S fehlt das bald darauf erschien.

65. T 34. S 40.

daß.. eine Menge Häuser... in die Asche gelegt wurden.

T S: in Asche. Aeltere Schriftsteller aber sagen ebenfalls in die Asche legen, vgl. Grimm's Wb. I, 579.

67. T 35. S 40.

Herse, der sich verkleidet in die Stadt schlich, führte dieses entsetzliche Kunststück [nemlich sie in Brand zu stecken] aus.

T S: Wagestück.

67. T 35. S 41.

als er.. in bestürzten Märschen zurückkehrte.

- T S: in Eilmärschen.

68. T 36. S 41.

drei zersprengte Knechte von der Bande des Mordbrenners.

T S: versprengte.

69. T 36. S 41.

den Kohlhaas denke er in kurzem, indem er ihm auf die Spur sei, gefesselt einzubringen.

T S: der Spur. Kleist hat in Gedanken gehabt 'auf die Spur gekommen sei'. Vgl. S. 3 zu Schroffenst. 61.

69. T 36. S 42.

Herr Otto von Gorgas... sagte ihm (dem Junker von

Tronka)... daß er sich ankleiden und ihm, zu seiner eigenen Sicherheit, in die Gemächer der Ritterhaft folgen mögte.

T S: Richterhaft. Richterhaft ist nichts, Ritterhaft aber ein Gefängnis für Ritter, was hier das einzig passende ist. Das Wort kömmt auch in dem Zweikampf T 263, S 268 vor: willens den Abgeordneten unmittelbar in die Ritterhaft zu folgen. Im Kohlhaas T 101, S 106 ist von einem ritterlichen Gefängniß die Rede.

71. T 37. S 43.

(sie meldete) der guten Stadt Wittenberg, ... daß bereits ein Heerhaufen ... unter Anführung des Prinzen Friedrich von Meißen im Anzuge sei, um sie vor den ferneren Belästigungen desselben zu beschützen.

T S: Belästigungen Kohlhaasens.

72. T 37. S 43.

der Landvoigt, nach einer kurzen Ueberlegung, entschloß sich, die Resolution, die er empfangen, ganz und gar zu unterdrücken.

T: entschloß sich daher die empfangene R.

S: entschloß sich die empfangene R.

73. T 38. S 44.

... daß er (der Prinz).. mehrerer schweren Wunden und einer gänzlichen Unordnung seines Haufens wegen, genöthigt war, den Rückweg einzuschlagen.

T S: mehrerer eigenen Wunden.

76. T 40. S 45.

und erklärte, daß, wenn derselbe nicht darin befindlich wäre, er mindestens verfahren würde, als ob er darin wäre.

T S lassen das erste wäre weg.

78. T 41. S 46.

Du, der die Menschen mit dieser Angabe, voll Unwahrhaftigkeit und Arglist, verführt: meinst du ...

T S: verführst. Die Aenderung ist ganz unnötig, da das Verbum im Relativsatz, auf ein Pronomen der zweiten Person bezogen, in der dritten stehen kann. Beispiele wird jede deutsche Schulgrammatik geben. Kehrein z. B. (Grammatik der neuhochdeutschen Sprache II, 2, S. 73) führt aus Klopstock an: O du, der die Himmel schuf und der Thräne gebot, zu dir um Erbarmung zu flehen! und aus Arndt: Du, der auf Wolken thront in der Nacht! und Ch. Friedrich Koch (deutsche Grammatik, 3te verb. Aufl., Jena 1860, S. 223) aus Schiller: Du, der das Schwert auf seinen Bruder zückt. Kleist selbst sagt im Amphitryon T 304, S. 402: wer denn bist du, der solchen Lärm verführt und so mir spricht, wo T und S nicht verführst und sprichst corrigiert haben. Sie haben sogar einmal (vgl. oben S. 22) in der Penthes. die 2te Person in die 3te umgeändert.

81. T 42. S 48.

Er durchlas es, indem er den Helm abnahm, zweimal von Anfang bis zu Ende; wandte sich, mit ungewissen Blicken, mitten unter die Knechte zurück, als ob er etwas sagen wollte, und sagte nichts; löste das Blatt von der Wand los, durchlas es noch einmal; und rief.

T S: ... wandte sich dann ...; er löste das Blatt von der Wand, durchlas ...

93. T 48. S 54.

in diesem außerordentlichen Fall.

T S: in diesem Fall.

93. T 49. S 54.

daß man ihn . mehr als eine fremde, in das Land

gefallene Macht, wozu er sich auch, da er ein Ausländer sei, gewissermaßen qualifizire, als einen Rebellen... betrachten müsse.

T S: denn als einen Rebellen. Mit Recht.

94. T 49. S 54.

Prinz Christiern von Meißen.

Kleist schreibt stets in dieser Erzählung — ich weiß nicht aus welchem Grunde — Christiern und T hat dies nicht geändert, S aber hat sich erlaubt stillschweigend stets Christian an die Stelle zu setzen.

96. T 50. S 55.

mit dem größesten Respect.

T S: größten. Kleist liebt die Form größest. T S haben dieselbe sonst stehen lassen, so z. B. Kohlh. T 56, S 62; T 92, S 97. Penthef. T 192, S 255. Käthch, T 124, S 150; T 132, S 160. Herrmannsschl. T 330, S 409. Cäcilie T 245, S 250. Nur noch in der Verlobung in St. Domingo 68 haben sie corrigiert.

97. T 51. S 56.

einen Verhaftsbefehl vorher gegen ihn zu erlassen und wegen Mißbrauchs des landesherrlichen Namens den Prozeß zu machen.

T S: und ihm wegen.

98. T 51. S 57.

auf dem Streifzug..., den er gegen den Kohlhaas unternommen.

T S: gegen Kohlhaas. Kleist setzt meist in den obliquen Casus vor Kohlhaas den Artikel.

99. T 52. S 57.

den Haufen, mit dem er in das Land gefallen.

T S: in's Land.

109. T 56. S 62.
daß er seinen Prozeß nunmehr unfehlbar verlieren würde.

T S: nun.

110. T 57. S 62.
bei der gänzlichen Verwüstung des Platzes und der Niedermetzelung fast aller Einwohner.

T S lassen das zweite der weg.

111. T 58. S 63.
Es schien mancherlei Gründe wegen sehr wahrscheinlich, daß ..

T S: sehr möglich.

111. T 58. S 63.
ein drittes Gerücht ... sagte gar aus, daß die Pferde bereits in Gott verschieden .. wären.

T S: daß die Pferde bereits seitdem verschieden.

114. T 59. S 64.
trat zu dem Abdecker heran und fragte ihn, ob ..

T S lassen ihn weg.

114. T 60. S 65.
während er den Eimer wieder aufnahm und zwischen Deichsel und Knie anstemmte.

T S: stemmte.

117. T 61. S 66.
gewisser, die Deposition in Lützen betreffenden Erläuterungen wegen.

T S: betreffender. Vgl. oben S. 78 zu 63.

119. T 62. T 67.
Er trat, während der Freiherr sich betroffen zu ihm umkehrte.

T S lassen zu ihm weg.

6*

120. T 62. S 68.
nachdem er, mit einer bescheidenen Wendung gegen den die Frage an ihn richtenden Herrn, den er nicht kannte, den Hut gezückt hatte.
T S: gerückt.
120. T 63. S 68.
und die Thiere... flüchtig, aus einer Ferne von zwölf Schritt, in welcher er stehen blieb, betrachtet: gnädigster Herr! wandte er sich...
T S corrigieren betrachtend. Das Participium Präsentis paßt aber gar nicht, denn man kann nicht sagen: indem Kohlhaas die Pferde flüchtig betrachtet, wendet er sich zum Kämmerer zurück und spricht, sondern nur: nachdem er sie flüchtig betrachtet hat. Betrachtet ist ächt Kleistisch, bei welchem derartige Participialconstructionen (die Pferde betrachtet = nachdem er die Pferde betrachtet hatte) häufig vorkommen. So Kohlhaas T 6, S 12: und die Koppel der Pferde, die er bei sich führte, darauf verkauft, kehrte er zurück. Penthesilea T 200, S 266: Bis wenn, das Schneegewand zerhaucht, der Frühling den Kuß drückt auf den Busen der Natur. T 201 S 266: Des Volkes Nam' und Wohnsitz ausgesprochen, ergeht ein Jubel nun durch Stadt und Land. T 201, S 267: Das Land erreicht, ruhn wir an seiner Pforte. T 240, S 317: Und hinterher, das Wort beprüft, die Närrin! gesättigt... ist sie schon. Amphitryon T 248, S 326: die Befehle treffend rings gegeben, stürzt er. Homburg T 222, S 272: Die Chefs nun sämmtlicher Schwadronen zum Aufbruch aus der Stadt, dem Plan gemäß, Glock zehn zu Nacht gemessen instruirt, wirft er erschöpft.. sich auf das Stroh. T 273, S 338: Und ach! die Schranke jugendlich durchbrochen. T 303, S 376: Die Schule dieser Tage durchgegangen, wollt' ihr's zum

vierten Male mit ihm wagen? Findling T 236, S 241: er harrte, die Hände vom Tisch genommen. Gewöhnliche Wendungen, wie 'das Auge auf ihn gerichtet', 'den Blick ... gerichtet' 'den Mantel umgeworfen' 'Alles wol erwogen' 'dies abgemacht oder abgetan', kommen natürlich auch öfters bei Kleist vor. In all diesen Stellen haben T S nie geändert. Um so auffallender, daß sie die obige Stelle im Kohlhaas und eine andere im Findling (T 229, S 234), die man unten sehe, ändern zu müssen glaubten. Einige Beispiele dieser participialen Construction aus neuern Schriftstellern bei Kehrein II, 1, § 76 und 308. Koch §. 424. Vgl. auch Grimm Gramm. IV, 916 und Lehmann Göthe's Sprache und ihr Geist S. 32 ff.

121. T 63. S 68.

Der Knecht, der ... einen Kreis von Freunden und Verwandten, die er unter dem Volke besaß, verlassen hatte.

T S: von Freunden und Verwandten unter dem Volke.

123. T 64. S 69.

Einem Burschen von zwanzig Jahren bedeuten, was er zu thun hat, heißt nicht, ihn verhetzen.

T S: aufhetzen.

123. T 64. S 69.

den Pferden, die an die Karre gebunden sind.

T S: den Karren.

Der Karren und die Karre sind üblich. Allerdings braucht in diesem Teile der Erzählung Kleist sonst immer die erstere Form.

123. T 64. S 69.

Meinethalb mag er.

T S: Meinetwegen.

126. T 66. S 71.
daß die Pferde.... hergestellt werden würden.
T S: werden können. Es müßte wenigstens heißen könnten.
128. T 66. S 72.
doch eben diese Eröffnung war den stolzen Rittern zu thun empfindlich.
T S: zu thun war den stolzen Rittern zu empfindlich.
130. T 68. S 73.
daß die Amnestie an mehreren... Knechten nicht gehalten (worden sei).
T S lassen an weg. Aber vgl. einige Seiten weiter T 70, S 75: die an ihm gebrochene Amnestie, T 74, S 79: sie brach die Amnestie an ihm.
140. T 72. S 77.
(da er) auf seine Bitte beharrte.
S: seiner.
Kleist gebraucht auf eine Sache und auf einer Sache beharren. Homburg T 288, S 358: und falls du auf den Spruch beharrst, wo S nicht corrigirt hat. Cäcilie T 245, S 250: auf ihren Willen beharrend, bei S: ihrem. Marquise von O... T 119, S 124: auf seinem Gegenstand beharrend, bei T: seinen.
140. T 73. S 78.
auf dessen höchster Bewilligung, sobald sie einginge, ihm die Pässe zugeschickt werden würden.
T S: sobald diese.
141. T 73. S 78.
die Gesinnung der Regierung gegen ihn, sie möge sein, welche man wolle.

T S: welche sie wolle. Vgl. Marquise von O... T 139,
S 144: er (der Stein) mag eingefaßt sein, wie man
wolle, wo T S haben: er wolle.
  142. T 74. S 79.
deren heute mehr sind wie gewöhnlich.
  T S: als gewöhnlich.
  142. T 74. S 79.
andere liegen im Vorsaal auf ein Bund Stroh.
  T S: auf einem. Vgl. S. 3 zu Schroffenst. 61.
  147. T 76. S 81. Freiherr Wenk.
  S: Freiherr von Wenk.
  148. T 77. S 82.
in Begleitung sechs berittener Landsknechte.
  T S: in Begleitung von sechs berittenen Lands-
knechten.
  153. T 79. S 84.
doch da bei der Stimmung der Gemüther auch
selbst dieser Schritt noch einer gleichgültigen Aus-
legung fähig war.
  S: einer zweideutigen. Eine gewaltsame und ganz
unnötige, ja! dem vom ganzen Zusammenhang geforderten Sinne
durchaus widersprechende Aenderung.
  153. T 80. S 85.
Er hieß dem Sternbald ... dem Mann ... etliche
Krebse ablaufen.
  T S: den Sternbald.
  157. T 82. S 87.
um welchen Gegenstandes willen.
  T S: welches.
  161. T 83. S 88.
und sie ... anzuliegen.

S: ihr. Allerdings ist die Construction von anliegen mit dem Accusativ fehlerhaft, doch kommt sie auch bei Lessing und Klopstock vor, vgl. Grimm's Wörterb.

163. T 85. S 90.

indem weltbekannt war, daß derselbe bereits vor sechs Tagen abgereist war.

T S: abgereist sei.

164. T 85. S 90.

auf die Einladung des Landdrosts.

S: Landdrost. Wol nur Versehen, denn auf der vorhergehenden Seite steht zweimal Landdrosts. Vgl. aber zum Zweif. 178.

165. T 85. S 90.

eines Rudels Hirsche wegen, der sich hatte blicken lassen.

S: das. Ich kann allerdings Rudel als Masculinum nicht nachweisen.

168. T 87. S 92.

am Eingang einer Kirche, wo ich stand.

T S: der Kirche.

169. T 88. S 93.

Und da ich ... spreche ...," antwortet sie nach vielem unvernehmlichen Zeug.

T S: antwortete sie nach vielem unvernehmbaren Zeug.

170. T 88. S 93.

ehe sie noch Zeit hatte ihm beizuspringen und in ihre Arme aufzunehmen.

S: und ihn in.

172. T 89. S 94.

indem er seine Hand zwischen die seinigen drückte.

T S: zwischen den.

Ganz dieselbe Zeile indem er ihre Hand zwischen die seinigen drückte Zweikampf T 287. S 292, wo T S nicht geändert haben.

174. T 90. S 95.

nachdem er ihm die Sache auseinandergesetzt und von der Wichtigkeit ... unterrichtet hatte.

S: und ihn von

175. T 91. S 95.

ob er ... ihm den Zettel, noch ehe derselbe Berlin erreicht, verschaffen wolle.

T S: erreiche.

181. T 94. S 99.

und auch aller Einwendungen der Gegenpart ungeachtet auch durchgesetzt habe.

T S setzen statt des zweiten auch: solche.

186. T 96. S 101.

und somit wenigstens Zeit zu gewinnen, des Zettels, den er besäße, habhaft zu werden.

T S: um des Zettels.

193. T 100. S 105.

Und damit ließ er die Hand des Kämmerers fahren.

T S: Damit nun ließ er.

195. T 101. S 106.

Kohlhaas ... war .. auf den Grund wegen Verletzung des ... Landfriedens vor den Schranken des Kammergerichts zur Rechenschaft gezogen worden.

S läßt auf den Grund weg.

201. T 104. S 109.

auf welche drei dem sächsischen Hofe wichtigen Fragen.

T S: wichtige.

203. T 105. S 110.
*daß die Kinder selbst ... ihn um seines Verfahrens loben würden.

T S: ihn seines Verfahrens halber. Vgl. über um mit dem Genitiv oben S. 68 und 76.

204. T 106. S 110.
zu der Wissenschaft, die ihr inwohne.

S: innewohne.

206. T 107. S 111. bevor sie abreiste.

T S: abreisete.

207. T 107. S 112.
Papiere, die ihm in Dresden abgesprochen worden waren.

T S: die man ihm in Dresden abgesprochen hatte..

Die Marquise von O...

Zuerst gedruckt im Februarheft des Phöbus.

216. T 112. S 117.
Commendant.

S corrigiert hier und überall Commandant. Die Originalausgabe hat fast immer Commendant, nur einige wenige Male Kommandant. Im Phöbus steht meist Commendant. Ebenso in andern Erzählungen und bei Köpke 68, 120, 141 Commendant.

220. T 114. S 119.
mit aus dem Mund vorquellendem Blut.

S: hervorquellendem.

221. T 115. S 120.
Die Naturen der Asiaten mit Schaudern erfüllend.

T S: Schauder. Schaudern steht schon im Phöbus.

222. T 115. S 120.

Die Marquise, die sich schon völlig, ohne Beihülfe des Arztes, wie der russische Officier vorher gesagt hatte, aus ihrer Ohnmacht wieder erholt hatte.

S läßt das erste hatte weg.

223. T 116. S 120.

Er bezeugte dem Kommandanten seine Hochachtung.

T S: bezeigte. Aber kurz vorher haben auch sie: ihre Dankbarkeit, seine Ehrerbietigkeit bezeugen, und 255, T 132, S 137: wie seine ersten Worte zeugten. Vgl. auch T 126, S 131 Höflichkeitsbezeugungen und T 132, S 137: wie seine ersten Worte zeugten.

223. T 116. S 121.

und als man ihn von dem frevelhaften Anschlag auf die Tochter desselben unterrichtete.

T S: auf seine Tochter hierauf unterrichtete.

224. T 116. S 121.

er bemerkte, wie man wohl bekannte Leute in der Nacht an ihren Stimmen erkennen könnte.

S: könne.

230. T 119. S 124.

auf eine verbindliche, obschon etwas ernsthafte Art.

T S: auf eine verbindliche Art, doch mit ernster Miene.

231. T 120. S 125.

ohne über eine nothwendige Forderung seiner Seele ins Reine zu sein.

T S: ins Reine zu kommen. Ebenso haben sie unten 275, T 142, S 147 geändert. In's Reine kommen hat Kleist auch, z. B. in der Verlobung in S. Dom. T 204, S 209.

233. T 121. S 125.
daß er die ganze Unschicklichkeit fühle.
T S: daß er auch die.
235. T 122. S 127.
nach einer kurzen Pause, in welcher er alle Merkmale der größten Unruhe gegeben hatte.
T S: gezeigt hatte.
239. T 124. S 129.
sie versicherte, daß ohne ihn [nemlich ohne einen solchen Schritt] die Absendung ... erfolgen würde.
T S: ohnedies.
242. T 126. S 131.
Sollt' ich den Priester holen lassen? Oder hätt' ich ...
T S: Sollte ich ... hätte ich.
243. T 126. S 131.
Doch vergebens, während der ganzen Abendtafel, erharrte man diesen Augenblick.
T S: Doch während der ganzen Abendtafel erharrte man diesen Augenblick vergebens.
250. T 130. S 135.
da diese fragte, ob er von Sinnen sei.
T S: bei Sinnen.
252. T 131. S 136.
Nachdem er u. s. w., zog die Marquise, und sah ihn sehr streng von der Seite an, die Klingel, und bat ihn, sich zu entfernen.
T: zog die Marquise, und indem sie ihn sehr streng von der Seite ansah, die Klingel.
S: zog die Marquise, indem sie ihn sehr streng von der Seite ansah, die Klingel.

253. T 131. S 136.
verneigte sich ihr noch einmal und ging ab.
T S lassen ab weg. Vgl. T 140, S 145: er empfahl sich dem Forstmeister und ging ab.
261. T 135. S 140.
Die Marquise .... zog die Geburtshelferin vor sich nieder.
T S: die Hebamme. Einige Sätze weiter unten haben sie Geburtshelferin ruhig stehen lassen.
261. T 135. S 140.
Sie fragte, ... wie denn die Natur auf ihren Wegen walte? Und ob die Möglichkeit einer unwissentlichen Empfängniß sei?
T S: wie die Natur ... Empfängniß vorhanden sei?
262. T 136. S 141.
sie wolle nur im allgemeinen wissen, ob diese Erscheinung im Reiche der Natur sei?
T S: ob dergleichen im Reiche der Natur möglich sei?
267. T 138. S 143.
und dachte ..., wie sie die Zimmer bequem vertheilen würde; auch, welches sie mit Büchern füllen, und in welchem die Staffelei am schicklichsten stehen würde.
T S: vertheilen könne.
268. T 139. S 144.
und (da) sie bedachte, daß der Stein seinen Werth behält, er mag auch eingefaßt sein, wie man wolle, so griff sie eines Morgens, da sich das junge Leben wieder in ihr regte, ein Herz.

T S: wie er wolle, so faßte sie. In Bezug auf wie man wolle vergleiche oben S. 87. Ein Herz greifen ist allerdings sehr auffällig und vielleicht nur von Kleist gebraucht. Vgl. oben S. 27.

271. T 141. S 146.
als bis er am Eingang der Laube, drei kleine Schritte von ihren Füßen, stand.
T S: drei kleine Schritte von ihr entfernt stand.

272. T 141. S 146.
mit so bescheidener Zudringlichkeit, als sie nicht zu erschrecken nöthig war.
T S: als nöthig war um sie nicht zu erschrecken.
Vgl. Verlobung in S. Domingo T 210, S 214: so geräuschlos, als niemand zu erschrecken nöthig war.

275. T 142. S 147.
er habe sich entschlossen, sich schriftlich an sie zu wenden, und werde damit in kurzem ins Reine sein.
T S: im Reinen sein. Vgl. oben S. 91 zu 231.

296. T 153. S 158.
und dem Kinde .... einen Vater zu verschaffen.
T S: dem armen Kinde.

306. T 158. S 163.
Eine ganze Reihe von jungen Russen folgte jetzt noch dem ersten.
S: nach dem ersten.

Ich bemerke schließlich, daß der Abdruck im Phöbus genau mit dem in den 'Erzählungen' stimmt, nur daß einige sofort erkennbare Druckfehler im Phöbus noch nicht vorkommen.

Das Erdbeben in Chili.

313. T 162. S 167.
Und gleich, als ob der eine entsetzliche Eindruck, der sich seinem Gemüth eingeprägt hatte, alle früheren daraus verdrängt hätte...
S: Und als ob... eingeprägt, alle....
316. T 163. S 168.
als er an einer Quelle, die die Schlucht bewässerte, ein junges Weib erblickte, beschäftigt, ein Kind in seinen Fluthen zu reinigen.
S: ihren Fluthen. Mit Recht.
321. T 166. S 171.
Der Baumschatten zog mit seinen verstreuten Lichtern über sie hinweg.
T S: zerstreuten.
327. T 169. S 174. Ja, da nicht Einer war, für den nicht an diesem Tage etwas Rührendes geschehen wäre, oder der nicht selbst etwas Großmüthiges gethan hätte, so war der Schmerz in jeder Menschenbrust mit so viel süßer Lust vermischt, daß-sich, wie sie meinte, gar nicht angeben ließ, ob die Summe des allgemeinen Wohlseins nicht von der einen Seite um eben so viel gewachsen war, als sie von der anderen abgenommen hatte.
S läßt die Worte wie sie meinte weg.
336. T 173. S 178. Sohn des Commenbanten.
S: Commandanten. Vgl. oben S. 90.
337. T 174. S 179.
mit wahrer heldenmüthiger Besonnenheit.
T S: mit wahrhaft heldenmüthiger.

Die Verlobung in St. Domingo.

3. T 178. S 183.
das Haus, worein die ... sich geflüchtet hatten.
T S: worin. Vgl. oben S. 10.
16. T 184. S 189.
um unserer überhaupt, die wir seine Wildheit gegen die Weißen tadeln, los zu werden.
S: unser. Vgl. oben S. 50.
24. T 188. S 193.
der Chef der Negern.
Ebenso 25, T 188, S 193 die Macht der Negern, 25, T 189, S 194, die Negern, vom Stamm der Negern, 26, T 189, S 194 der Wuth der Negern, 72, T 211, S 216 Verfolgung der Negern.
T S: Neger.
Es ist merkwürdig, daß die Originalausgabe an diesen Stellen Negern hat, während übrigens in der Erzählung immer Neger zu lesen ist. Adelung und Heinsius geben Negern als gewöhnliche Pluralform an.
25. T 189. S 194.
trieb die Negern und Kreolen.
S läßt und Kreolen weg.
38. T 195. S 200.
ein kleines Eigenthum ... an den Ufer der Aar; eine Wohnung ..., Felder, Gärten, Wiesen und Weinberge.
T S: dem Ufer. Warum nicht lieber den Ufern?
Vgl. Kohlhaas T 20, S 26: seinen Meierhof an den Ufern der Havel; T 30, S 36: ein Fräuleinstift an den Ufern der Mulde. Zweikampf T 266, S 271: ein Frauenstift, das unfern ihrer Burg an den Ufern des Rheins lag.

38. T 195. S 200.

Er schwor ihr, daß Liebe für sie nie aus seinem Herzen weichen würde.

S: nicht.

60. T 206. S 210.

Sie versicherte dem Neger, daß ...

T S: ben.

Kleist setzt meist den Accusativ nach versichern, zuweilen aber auch den Dativ, so S III, 301: und versicherte mir.

61. T 206. S 211.

auch sah sie voraus, daß ... sein Loos sein würde.

S: sein werde.

68. T 210. S 215.

ohne die größeste Lebensgefahr.

T S: größte. Vgl. oben S. 82.

77—78. T 214—215. S 219.

In der Originalausgabe wird der Held der Erzählung, der früher und gleich auf den folgenden Seiten stets Gustav heißt, merkwürdigerweise dreimal August genannt. T S haben Gustav.

Das Bettelweib von Locarno.

91. T 222. S 227.

und da ihm niemand antwortet.

T S lassen ihm weg.

Der Findling.

106. T 229. S 234.

so unterdrückte die Besorgniß, einen Verweis von ihm zu erhalten, alle andere Rücksichten.

T S: alle Rücksichten.

7

106. T 229. S 234.
und einen (Schlüssel) gefunden, der paßte, warf er den Bund in den Saal zurück.
T S: und als er einen gefunden. Vgl. oben S. 84.
107. T 230. S 234.
wo sie .. an einem heftigen Fieber darniederlag.
T S: darniederlag. Kleist gebraucht darnieder und darnieder.
110. T 231. S 236.
Nicolo .. fragte den Alten, der dem Sarge folgte: was dies bedeute?
T S: was das.
116. T 234. S 239. liebste Klara.
T S: Klare. Wol nur Druckfehler, denn einige Sätze vorher haben auch sie Klara.
127. T 239. S 244.
und bat ihn, unter der Betheurung, den Blick nie wieder zu seiner Frau zu erheben, um Vergebung.
S: unter Betheuerung.
130. T 241. S 246.
und pries ihm die Wohnungen des ewigen Friedens.
S: Friedens an.

Die heilige Cäcilie oder die Gewalt der Musik.

134. T 243. S 248.
und kehrten .... in einem Gasthof ein.
T S: einen. Vgl. Kohlh. T 33, S 38: er kehrte in einem Wirthshause ein, aber T. 43, S. 48: er kehrte in ein Wirthshaus ein, und beide Tauben T 328, S 365: er kehrt in eine reiche Wohnung ein.

137. T 245. S 250.
auf ihren Willen beharrend.

S: ihrem. Vgl. oben S. 86.

138. T 245. S 250.
an den Portälen.

T S: Portalen. Allerdings in dem Erdbeben in Chili T 171, S 176 steht auch in der Originalausgabe: vor den Portalen, aber in einem Gedicht bei Köpke 158: die Portäle. Bekanntlich haben manche Fremdwörter auf — al im Plural — ale (die Filiale, die Tribunale), manche — äle (die Canäle, die Choräle), manche schwanken (Generale und Generäle).

138. T 245. S 250. Commendanten.

S: Commandanten. 147 hat auch die Originalausgabe Commandanten, T aber 250 consequent Commendanten. Vgl. oben S. 90.

140. T 246. S 251.
wo man es .. gleichwohl säkularisirte.

S läßt das allerdings überflüssige gleichwohl weg.

144. T 248. S 253.
am Morgen des folgenden Tages.

S: nächstfolgenden.

147. T 250. S 254.
des vom Altar wunderbar herabrauschenden Oratoriums.

S: Altan. Mit Recht. Vgl. 139, T 246, S 251: Eben schickten sich die Nonnen auf dem Altan der Orgel dazu an, und 160, T 256, S 261: Schwester Antonia, die . . . . . auf dem Altan der Orgel erschien.

151. T 252. S 257.
die Straßen, welche ... statt unsrer von mehr benn hundert ... Menschen angefüllt waren.
S: unser. Vgl. oben S. 49.
155. T 254. S 259.
des weitläufigen klösterlichen Wohngebäudes.
T S: weitläuftigen. An andern Stellen haben sie nicht geändert, so im Zweikampf T 272, S 277 des weitläufigen Schlosses. Es kommen beide Formen oft bei Kleist vor.
160. T. 256. S. 261.
Daß Schwester Antonia ... darniebergelegen habe.
S: banniebergelegen. Vgl. oben S. 98.

Der Zweikampf.

166. T 259. S 264.
(Er beschrieb .....), wie ein Kreuzzug nach Palästina ... die ganze Unternehmung sei, auf die er noch, am Schluß seines Lebens, hinaussehe.
T S: hinaufsehe. Wol ursprünglich nur Druckfehler bei T.
178. T 265. S 270.
des Landdrosts Winfried von Breda.
S: Landdrost. Vgl. oben S. 88. Allerdings Homburg T 288, S 358: in ihres Ohms des Drost von Retzow Haus.
188. T 270. S 275.
das Erstaunen Hrn. Friedrichs.
T: des Hrn. Friedrichs.
S: des Herrn Friedrich.
190. T 271. S 276.
aus dem Munde des Grafen Jacobs des Rothbarts.

S: Jacob.

191. T 272. S 277.

man erfüllte ... die Schränke ... reichlich mit Kleidern und Wäsche für sie.

T S: füllte. Kleist scheint aber erfüllen zu lieben, denn wenige Sätze weiter sagt er: um das Maß ihrer Schande zu erfüllen, und im Käthchen T 137, S 165: den einzigen Winkel, der leer ist, mit ihrer Bedienung erfüllend.

204. T 278. S 283.

Es schien, es galt diesmal nicht den Grafen Jacob, der es an Eifer, den Kampf zu Ende zu bringen, nicht fehlen ließ, sondern Hrn. Friedrichs Einpfählung auf einem und demselben Fleck, und seine seltsame, dem Anschein nach fast eingeschüchterte, wenigstens starrsinnige Enthaltung alles eignen Angriffs.

T S: dem Grafen. Aber auch seine seltsame ... eingeschüchterte ... starrsinnige Enthaltung hängt von es galt ab und steht im Accusativ. Vgl. Herrmannsschl. T 395, S 491: wir folgten deinem Ruf ins Feld des Tods, im Wahn, es gelte Rom und die Tyrannenmacht. T 402, S 500: wenn es nunmehr die Römerrache gilt. Dagegen allerdings Herrm. T 397, S 493: nicht meinem Freunde .. gilts, und Marquise T 140, S 145: ob diese Maßregel auch einem Freunde gälte.

205. T 278. S 283.

er trat aus dem sich von Anfang herein gewählten Standpunkt.

T S lassen sich weg.

216. T 284. S 289.

was soll ich von dieser Zerknirschung deiner Seele denken?

T S: was soll ich denn von.

221. T 286. S 291.
in der tiefsten Entwürdigung über eine so beleidigende Aufführung.

S: Entrüstung. Eine willkürliche und gewaltsame Aenderung, die schon unverantwortlich wäre, wenn auch das Wort Entwürdigung nur an dieser Stelle vorkäme, die aber noch unverantwortlicher wird, wenn man sich erinnert an die Stellen in der Marquise von O... T 133, S 138: Eine Hebamme! rief Frau von G... mit Entwürdigung! und im Findling T 231, S 236: Hierauf bestellte Piachi, tief entwürdigt. Ob noch andere Schriftsteller Entwürdigung in dem Sinne von dem Gefühl gekränkter Würde und ebenso in entsprechendem Sinne entwürdigt gebrauchen, weiß ich nicht. Grimm im Wörterbuch führt nur Kleist an, und zwar nur die Stelle aus der Marquise von O....

239. T 295. S 299.
mir noch im Augenblick des Todes mit gebrochenen Worten, die ich gleichwohl damals nur unvollkommen verstand, kund gethan.

S läßt gleichwohl weg. Vgl. oben S. 99 zu 140.

Ueber das Marionettentheater.

Aus den Berliner Abendblättern von E. v. Bülow in H. v. Kleist's Leben und Briefen S. 263 ff. mitgeteilt und nach Bülow's Abdruck von Schmidt in die Gesammtausgabe III, 303 ff. aufgenommen.

B 266. S 306.
Ich sagte: nein! dergleichen wäre mir nie vor Augen gekommen.

S: noch nie.
B 268. S 307.
bie Seele sitzt ihm gar, — es ist ein Schrecken, es zu sehen! — im Ellenbogen.
S: es ist ein Schrecken zu sehen!
B 269. S 308.
(er habe) seine Unschuld verloren, und das Paradies derselben . . . niemals wieder gefunden.
S: das Paradies derhalben. Wol Druckfehler.

Was gilt es in diesem Kriege?

Aus einer Handschrift von Bülow S. 253 ff. mitgeteilt, nach ihm von Schmidt III, 312 ff. Bülow's Abdruck ist fehlerhaft, einen genauen hat Köpke in Kleist's politischen Schriften S. 97 ff. gegeben. Schmidt hat auch bei diesem Aufsatz eine unnütze Aenderung nicht unterlassen können. Statt: 'Gilt es einen Feldzug, der jenem spanischen Erbfolgestreit gleich, wie ein Schachspiel geführt wird', schreibt er: wie im Schachspiel (312).

Gedichte.

Epilog zum Phöbus.

Phöbus, Januar 57. S III, 346. Dich auch seh' ich noch schrittweis einher die Prustenden führen.
S: Prüstenden.

Epigramme. Erste Reihe.

Phöbus, April und Mai 69 ff. S III, 349 f.

No. 20. An . .
Wenn ich die Brust dir je, o Sensitiva, verletze.
S: Sensitive.

Epigramme. Zweite Reihe.

Phöbus, Juni 44 ff. Hinterlassene Schriften 267 ff. T III, 318 ff. S III, 352 ff.

No. 1. Die drei Distichen sind durch die übergesetzten Buchstaben a, b, c getrennt, als wären sie von drei verschiedenen Personen gesprochen. S läßt mit Unrecht die Buchstaben weg.

No. 14 war bei T durch Druckfehler entstellt, die S berichtigt hat.

No. 20 (bei T fehlend). Die drei Distichen sind wieder durch a, b, c getrennt. S hat die Buchstaben weggelassen.

Jünglingsklage.

Phöbus, September und October 87 f. Hinterlassene Schriften 269 f. T III, 321. S III, 355 f.

Nun unter Frühlings
Ueppigem Hauch
Schmelzen die Ströme —
Busen, du auch!

S: Nur. Vielleicht Druckfehler, jedenfalls den Sinn entstellend.

Der Schrecken im Bade.

Phöbus, November und December 30 ff. Hinterl. Schr. 270 ff. T III, 322 ff. S III, 357.

30. 270. T 322. S 357.
Klug doch, von List durchtrieben ist die Grethe.
T*) S: Klug, doch . .

---

*) T bedeutet hier beide Tiecksche Ausgaben.

Und, husch! statt nach der Hürde, die Verräthrin.
T S: Verrätherin.
30. 271. T 322. S 357.
Nun heiß ...
War dieser Tag des Mai's und, Blumen gleich,
Fühlt jedes Glied des Menschen sich erschlafft.
S: Fühlt'.
30. 271. T 322. S 358.
Wie sich der Alpen Gipfel umgekehrt
In den krystallnen See danieder tauchen.
T S: darnieder. Vgl. oben S. 98.
31. 272. T 323. S 359.
Doch das ist nichts, seit ich die Ratz' erblickt!
S: Ratt'. Vgl. oben S. 67 zur Herrmannsschl. 156.
33. 274. T 325. S 361.
Nun denn, so mag die Jungfrau mir verzeihn!
T S: Nun denn, es mag.
34. 275. T 325. S 362.
Das hätte mir, als ich im Wasser lag,
Der kleine Finger juckend sagen sollen!
T S: zuckend.
Vgl. Shakespere's Macbeth IV, 1: By the pricking of my thumbs, something wicked this way comes, nach Eschenburg und Schiller: Juckend sagt mein Daumen mir, etwas böses naht sich hier. S. auch Grimm's Wb. III, 1652, 1655 und II, 850.
34. 275. T 326. S 362.
Doch jetzt das Mieder her; ich will's dir senkeln.
T S: ich will es senkeln.

Die beiden Tauben.

Phöbus, Februar 32 ff. Hinterlassene Schr. 276 ff. T III, 316 ff. S III, 363 ff.

33. 277. T 327. S 364.
Kurz, dies und mehr des Trostes zart erfindend,
Küßt er, und unterdrückt was sich ihm regt,
Das Täubchen.
T S: was sich im Herzen regt,
Des Täubchens. (Bei S ohne Komma).

Der Engel am Grabe des Herrn.
Phöbus, Januar 38 f. Hinterl. Schriften 279 f. T III, 329 f. S III, 366 f.
Ihr suchtet Jesum, den Gekreuzigten.
T S: Ihr suchet.
S hat zu dem Titel hinzugesetzt: Zu einem Bilde, und am Schlusse: Januar 1808.

Kriegslied der Deutschen.
Hinterl. Schr. 281 f. T III, 332. S III, 369.
In der ziemlich seltenen Sammlung 'Deutsche Lieder für Jung und Alt. Berlin, 1818. In der Realschulbuchhandlung' steht das Lied (mit beigefügter Melodie) S. 58 also:

Zottelbär und Panterthier hat man längst bezwungen, nur für Geld noch im Spalier zeigt man ihre Jungen. Auf den Wolf, so viel ich weiß, ist ein Preiß gesetzet, naht er sich, die Zunge heiß, gleich wird er gehetzet.

Reinecke, der rothe, sitzt lichtscheu unter Erden, und verzehrt was er stipitzt, ohne fett zu werden. Aar und Geier horsten nur auf der Felsen Rücken, wo der Waidmann nie die Spur in den Sand wird drücken.

Schlangen sieht man gar nicht mehr, Ottern und dergleichen, noch der Drachen Gräuelheer mit geschwollnen Bäuchen. Nur der Franzmann zeigt sich noch in dem deutschen Reiche. — Brüder nehmt die Büchse doch, daß auch dieser weiche.

An die Königin von Preußen.

Hinterl. Schr. 282. T III, 332. S. III, 370.
Auf jungen Schultern hast getragen.
S: .. edel hast .., wodurch allerdings die Zeile die gehörige Länge bekömmt.

Germania an ihre Kinder.

Hinterl. Schr. 288 ff. T III, 338 ff. S III, 377 ff.
Str. 5. Chor. Eine Lustjagd, wie wenn Schützen.
S: Eine Lustjagd, wenn die Schützen.

An Wilhelmine.

Bülow Kleist's Leben 249 ff. S III, 346 ff.
B 251. S 348.
Er übt sich an dem rohen Kiesel.
S: rothen.

Berichtigungen und Zusätze.

S. 3, Z. 8 v. u. lies Homb. 15. 36.
S. 9, Z. 15 v. u. „ Verlobung in S. Domingo.
S. 15, Z. 4 v. o. „ Gomperz.
S. 35, Z. 14 v. o. füge hinzu: an jedes Baumes entreiftem Aste, S III, 346.-
S. 38. Zu den zu Amphitryon 74 gegebenen Beispielen füge man aus Göthe's Iphigenie (4. Aufzug, 4. Auftritt):
Vernehm' ich dich, so wendet sich, o Theurer,
Wie sich die Blume nach der Sonne wendet,
Die Seele, von dem Strahle deiner Worte
Getroffen, sich dem süßen Troste nach.
S. 56, Z. 11 v. u. In Bezug auf bleichen für erbleichen verweise ich noch auf Grimm's Wörterbuch und Immermann's Tristan und Isolde S. 37:
Schön Blanchefleur erwachte, sprang
Zum Fenster hin und bleicht' und sank
In ihren Arm der Meisterinne.

Weimar. — Hof-Buchdruckerei.